Colorful Swearing Dreams
Livre d'Injures à Colorier pour Adultes

UN NIVEAU DE STRESS ÉLEVÉ?
VOUS ÊTES D'UNE HUMEUR EXPLOSIVE?
CE LIVRE DE COLORIAGE VA VOUS DÉSTRESSER!

Plusieurs études révèlent que colorier des mandalas, des motifs géometriques & d'autres formes aident à réduire le stress et l'anxiété chez l'adulte.

Ce livre contient 30 pages de magnifiques designs détaillés constitués de Crânes Mexicains (aussi appelés Calaveras ou têtes de mort), ainsi que des arrière-plans à colorier avec des mandalas et d'autres formes.

Pour vous défouler encore plus, ce livre contient des gros mots hilarants en français et en espagnol (principalement mexicain) pour vous faire rigoler et vous permettre d'expulser toutes pensées négatives!

Chaque page est imprimée uniquement sur le recto afin que les crayons, stylos ou feutres ne transpercent pas les pages pour une meilleure expérience de coloriage.

ALLEZ À VOS COLORIAGE DÉSTRESSANTS!

Tout Droits Réservés. Colorful Swearing Dreams

Aucune partie de livre ne peut être reproduite, reformatée, faire l'objet d'une refonte ou être transmise sous quelque forme que ce soit, par tout moyen, électronique ou mécanique, y compris la photocopie, l'enregistrement ou au moyen de tout système de stockage et d'extraction d'informations, sans le consentement préa lable écrit de l'auteur.

Page de Test de Coloriage

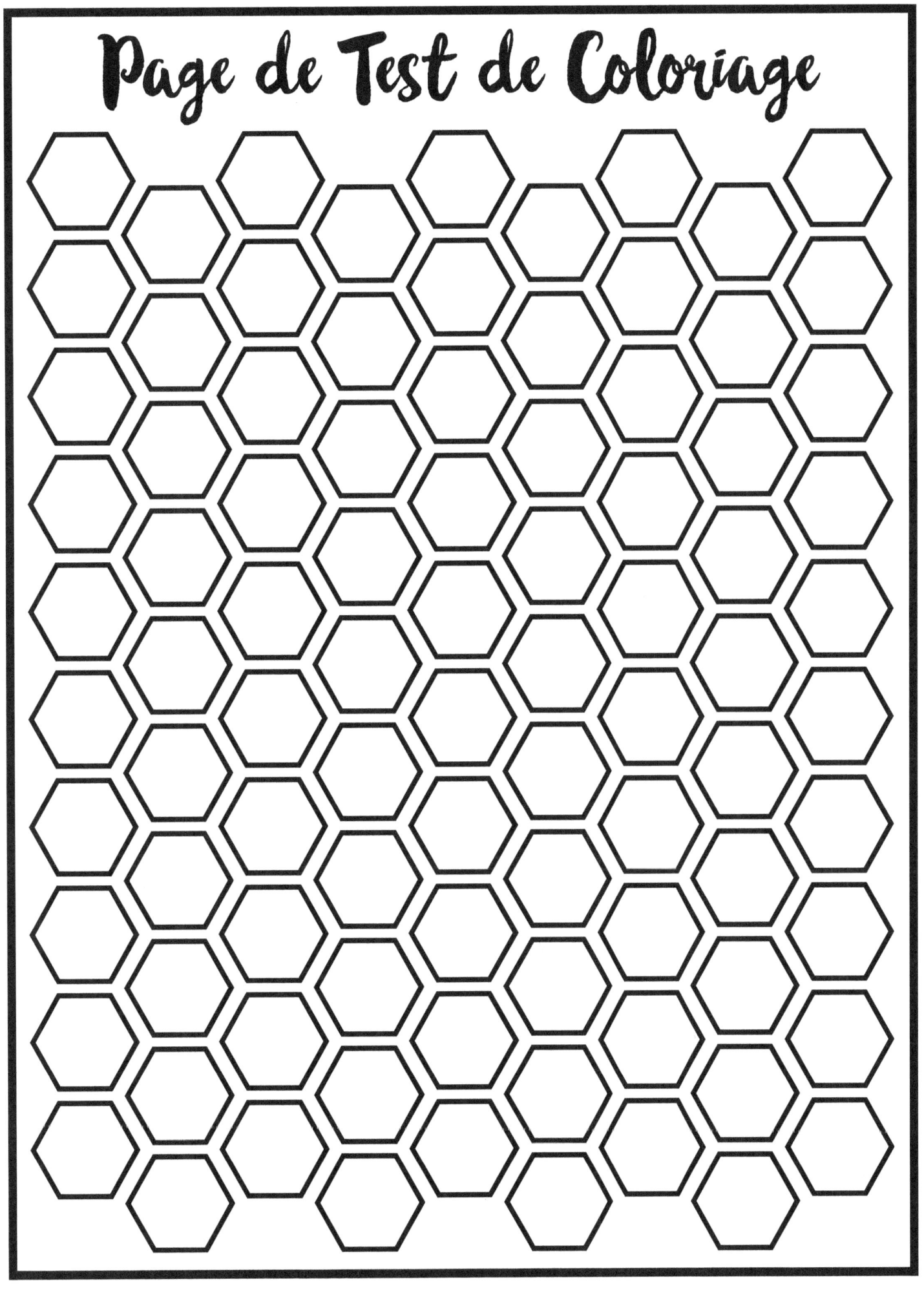

PENDEJO

CONNARD

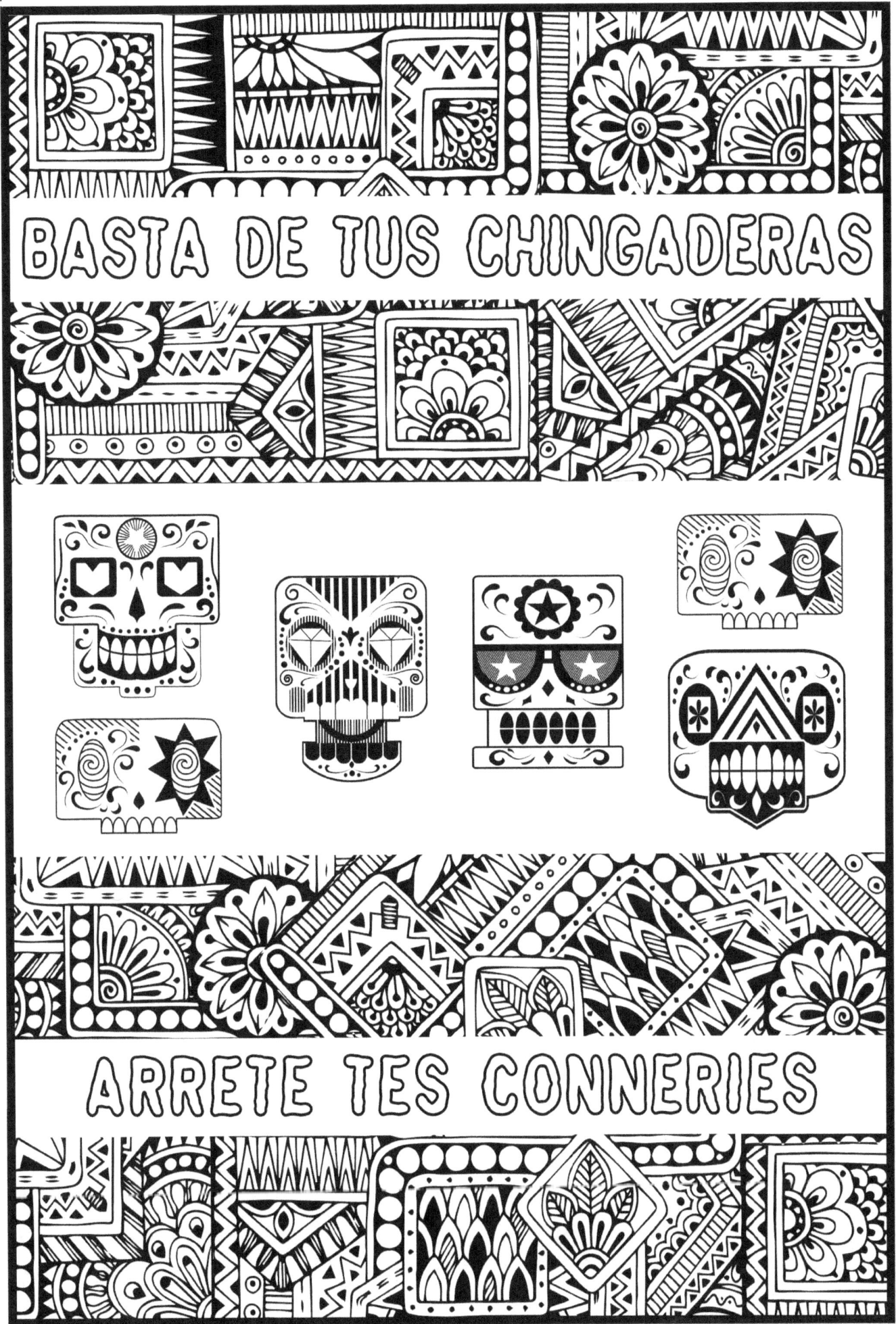

PUTA MADRE

TA MERE LA PUTE

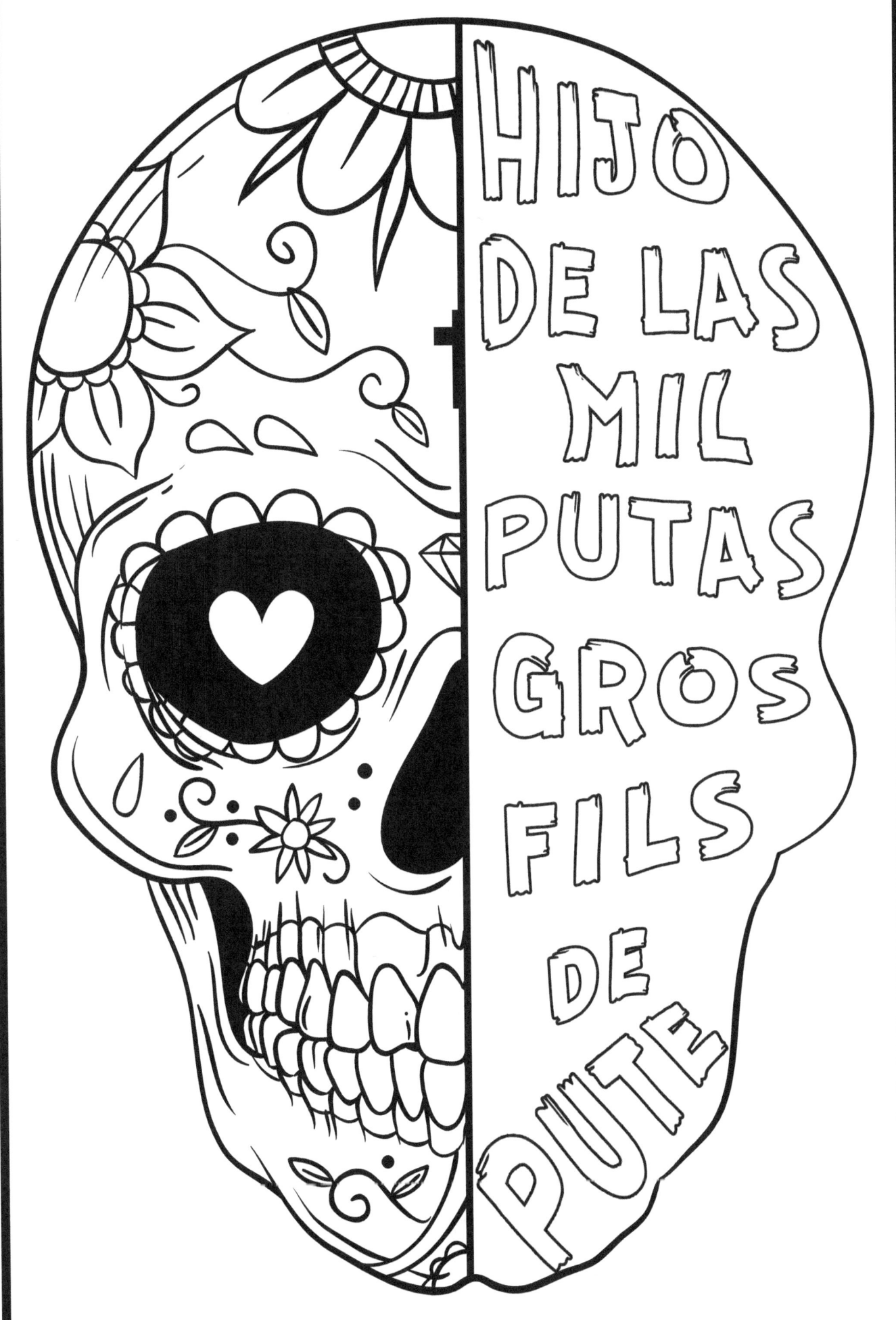

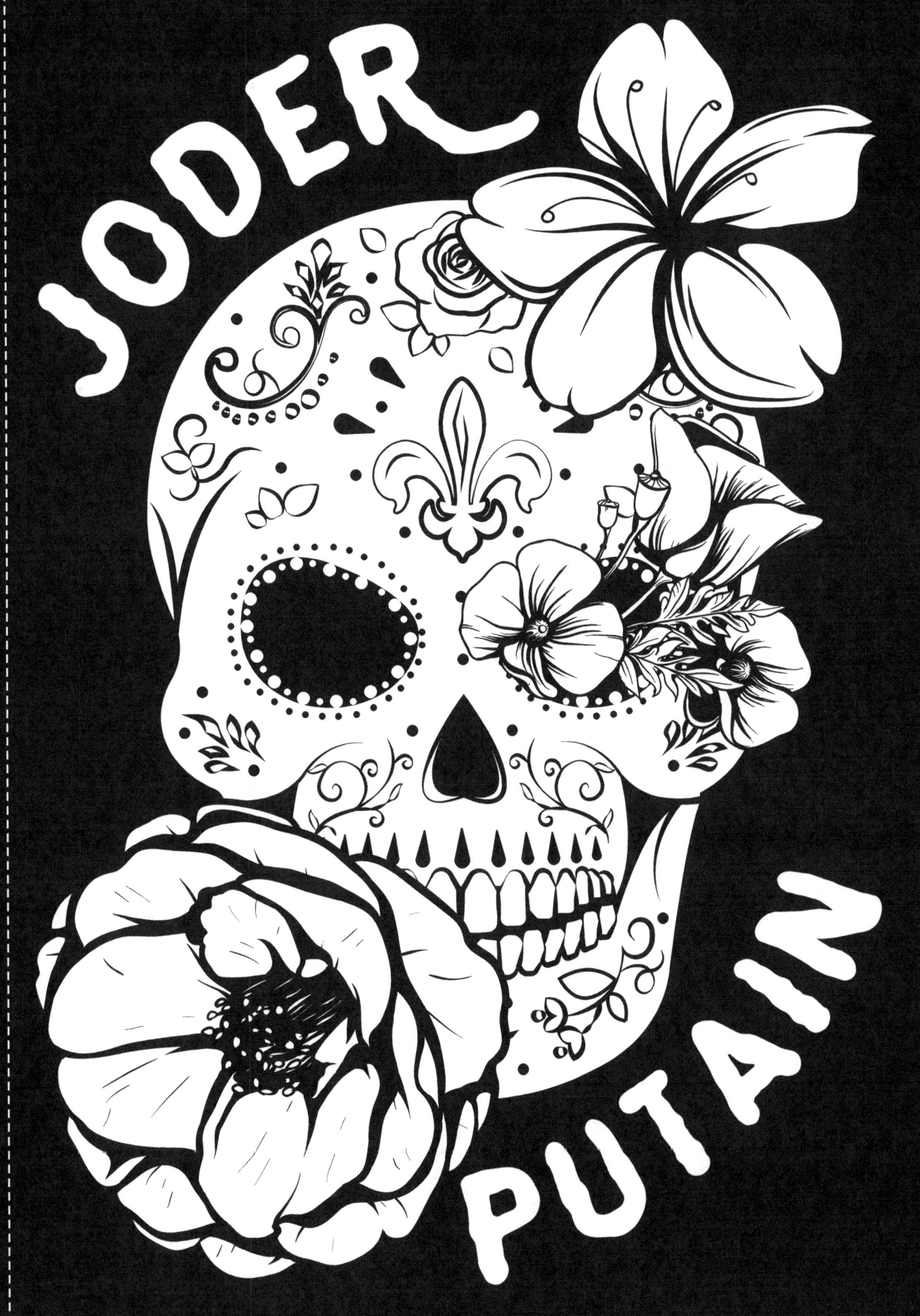

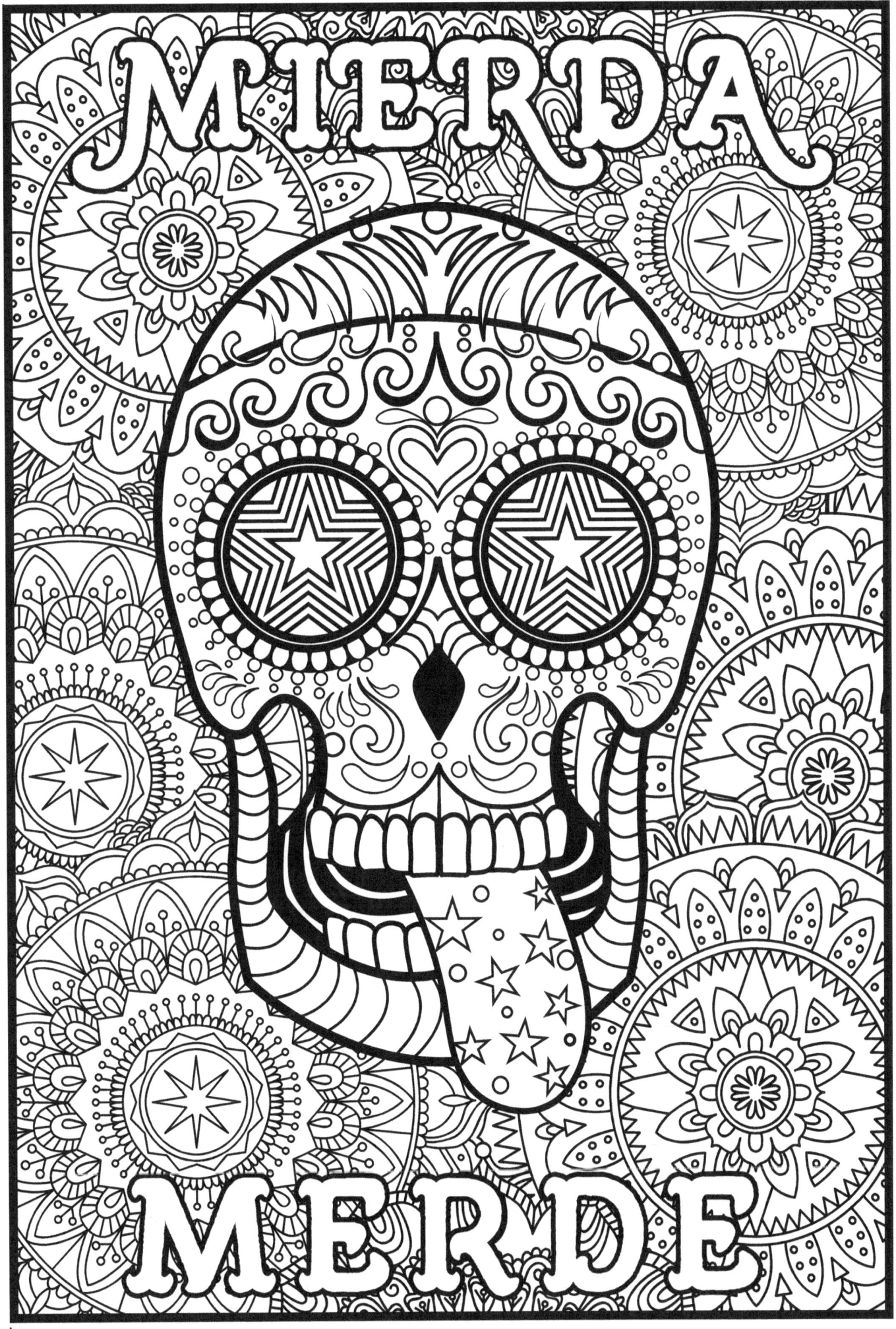

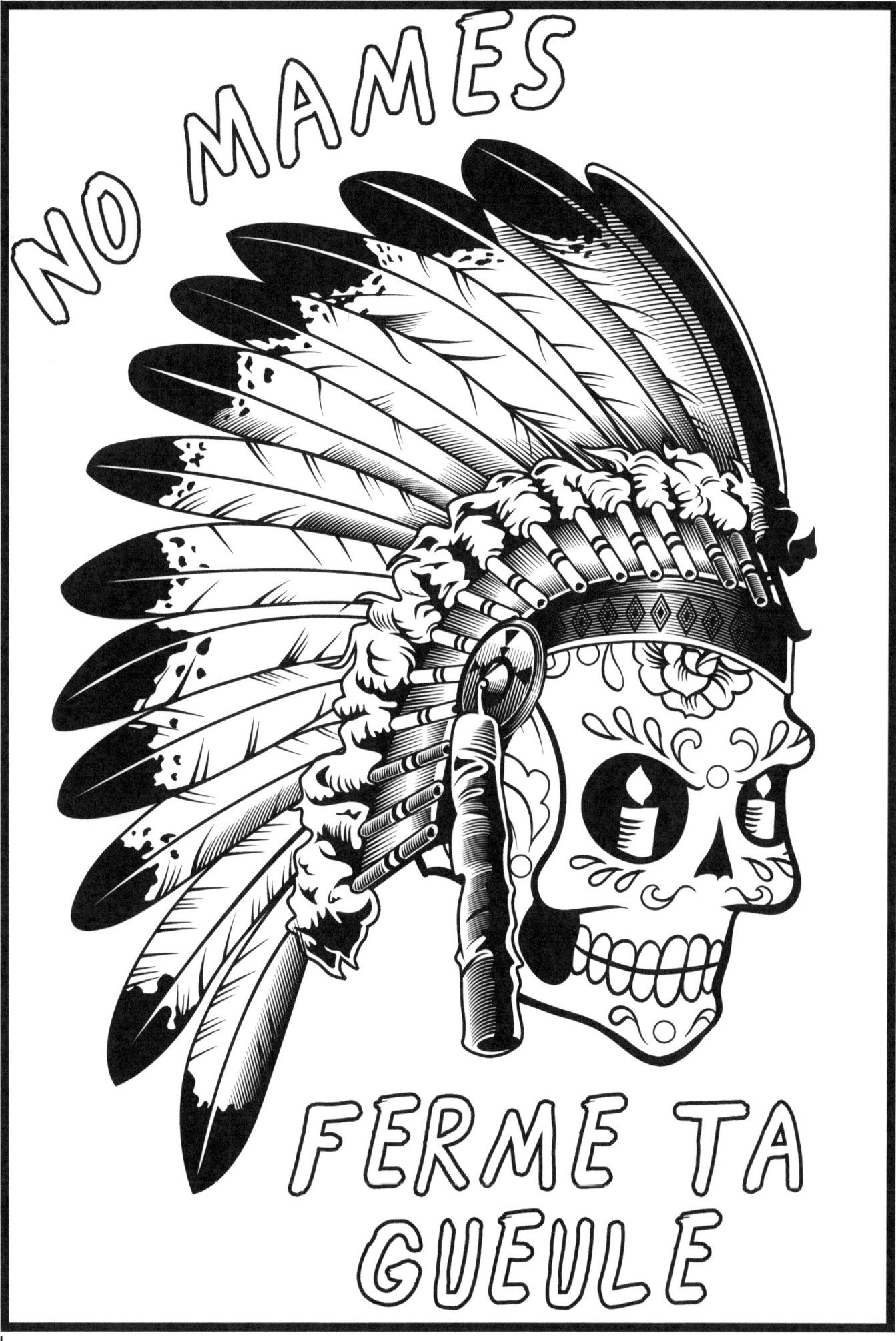

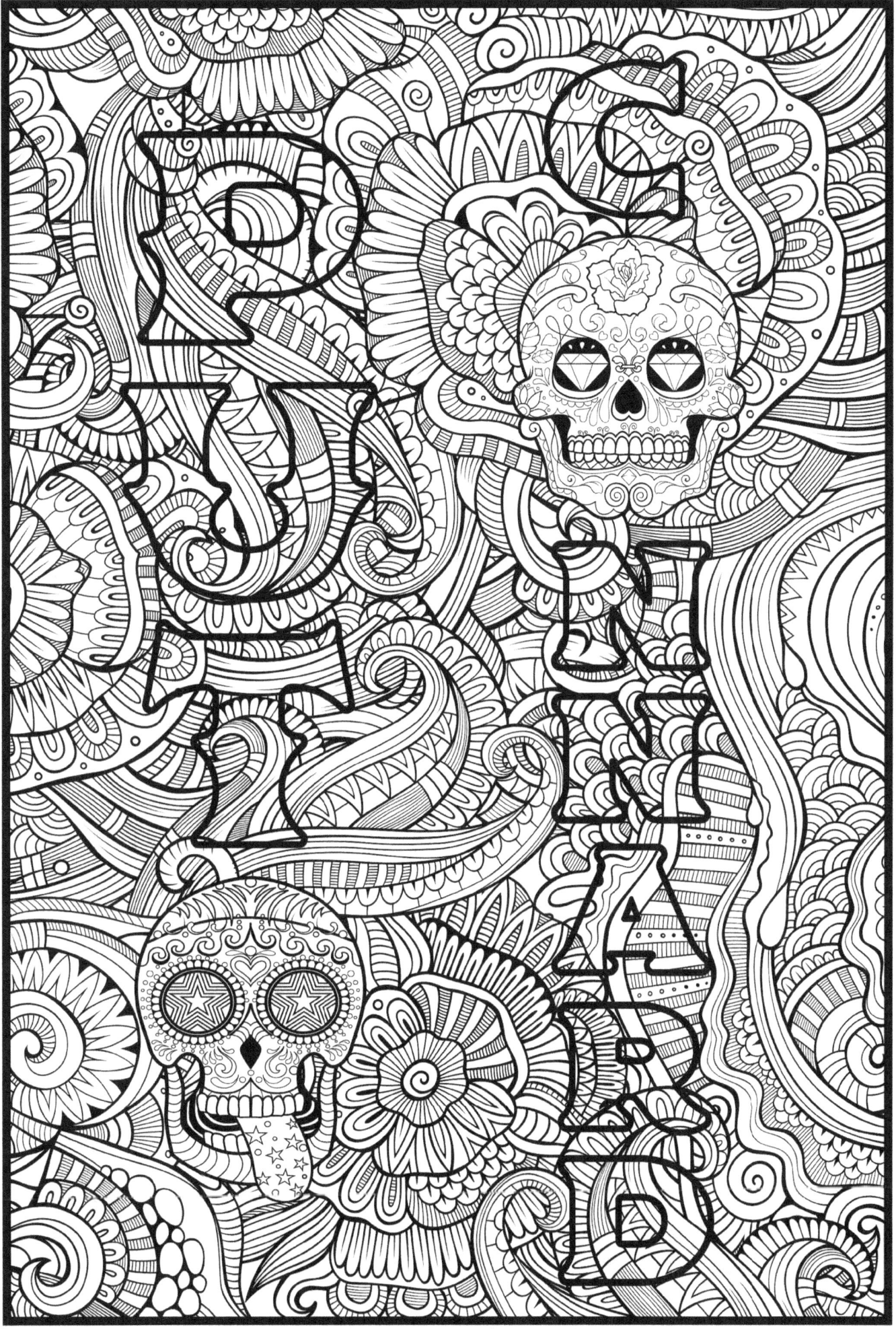

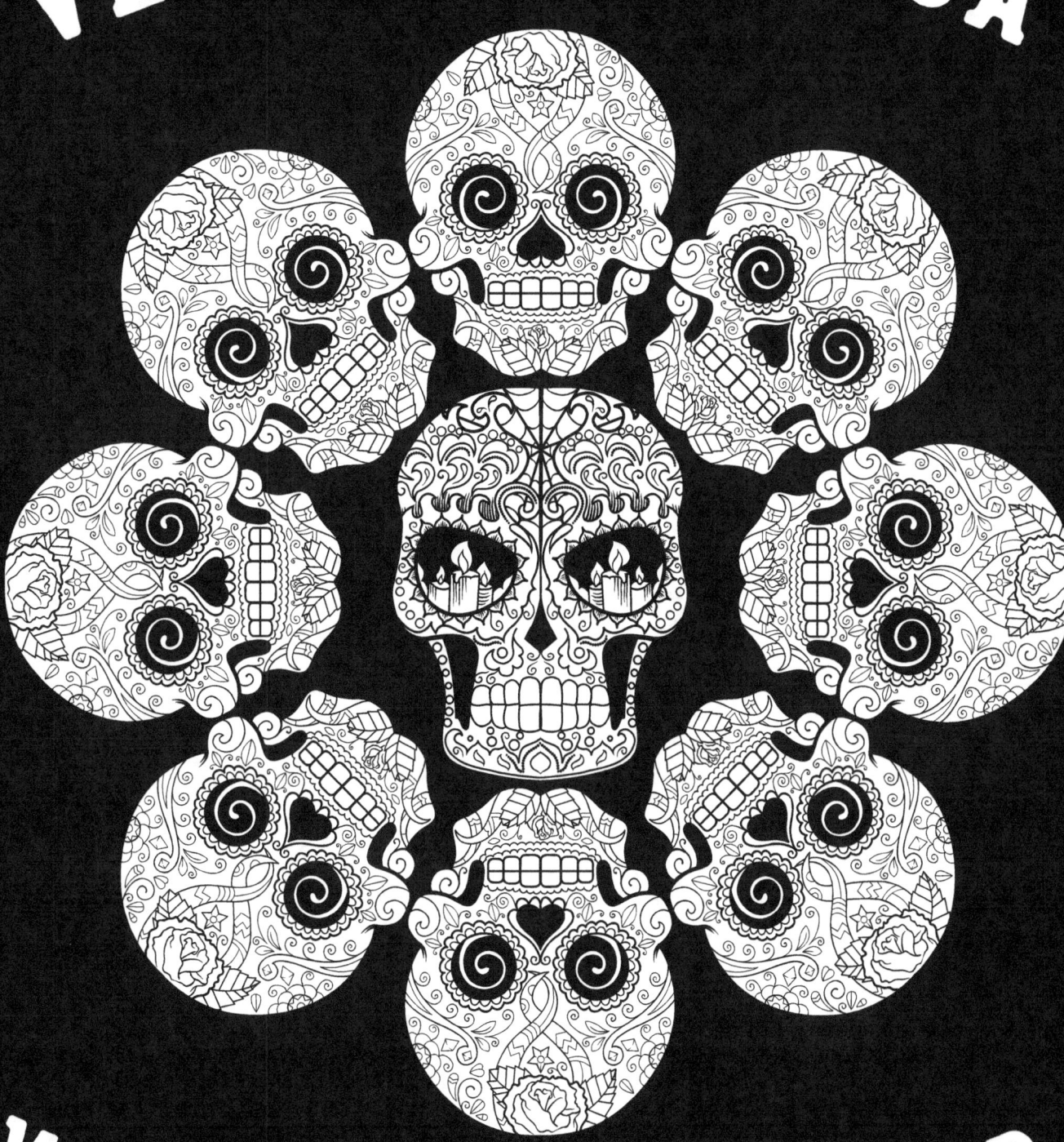

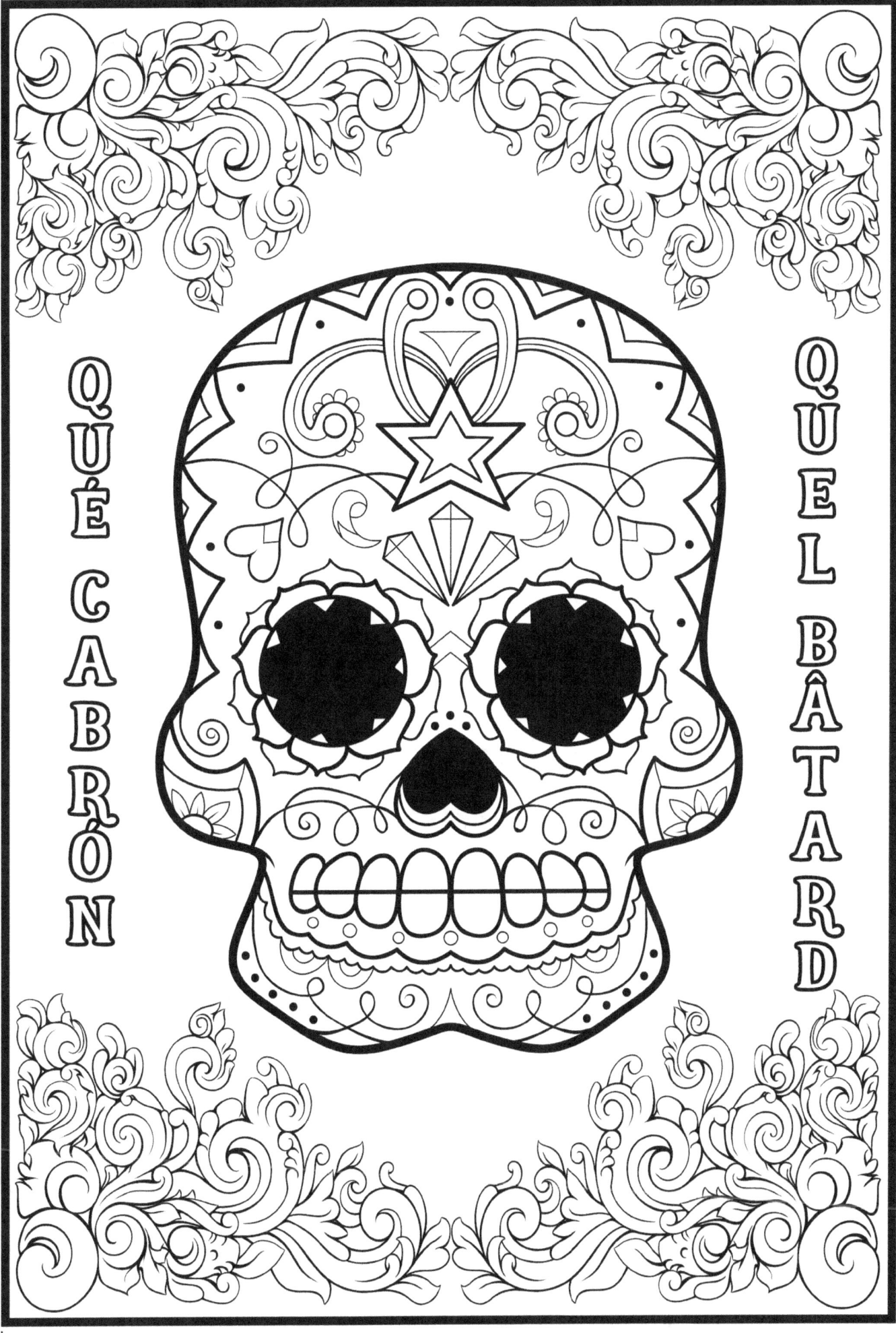

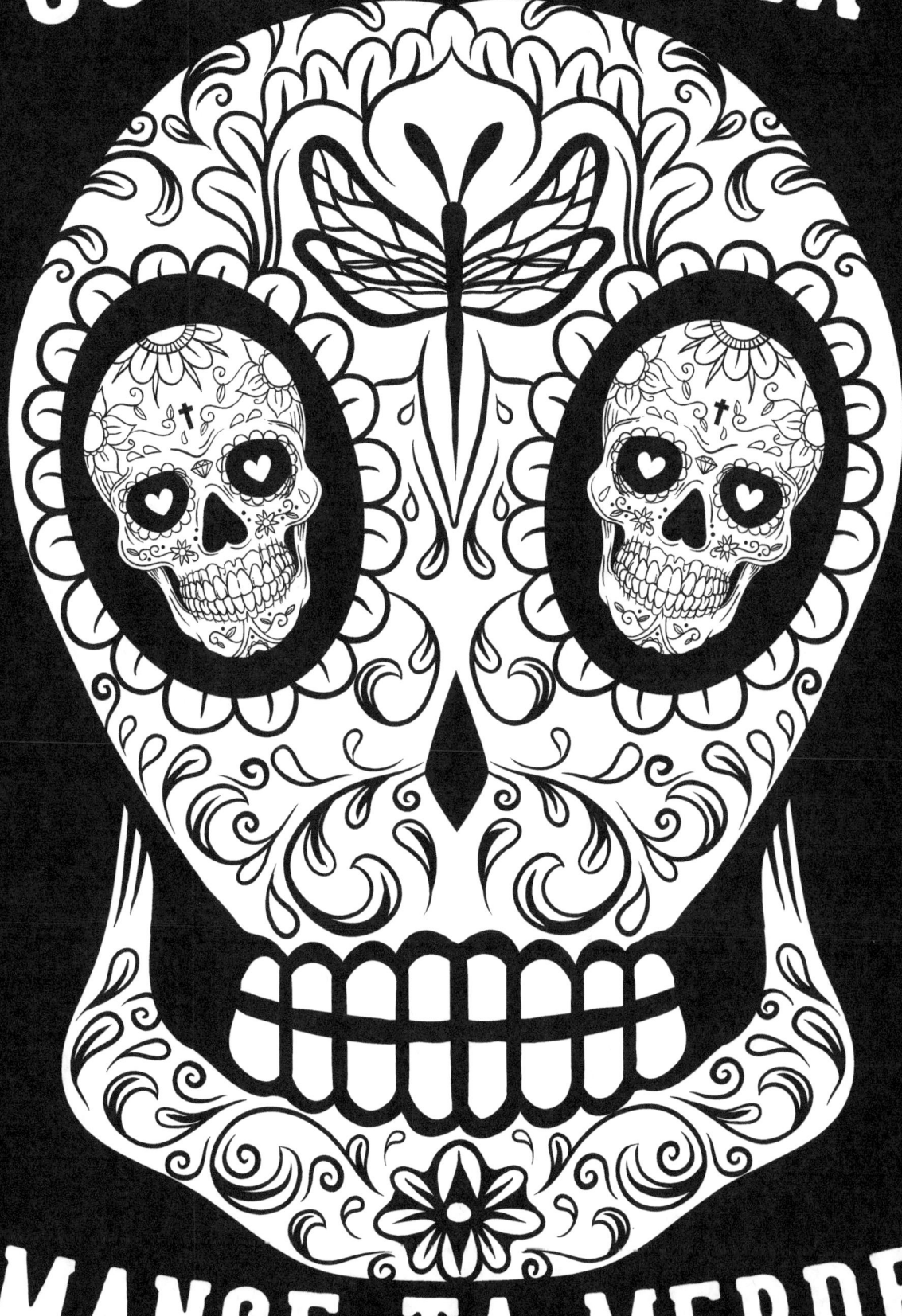

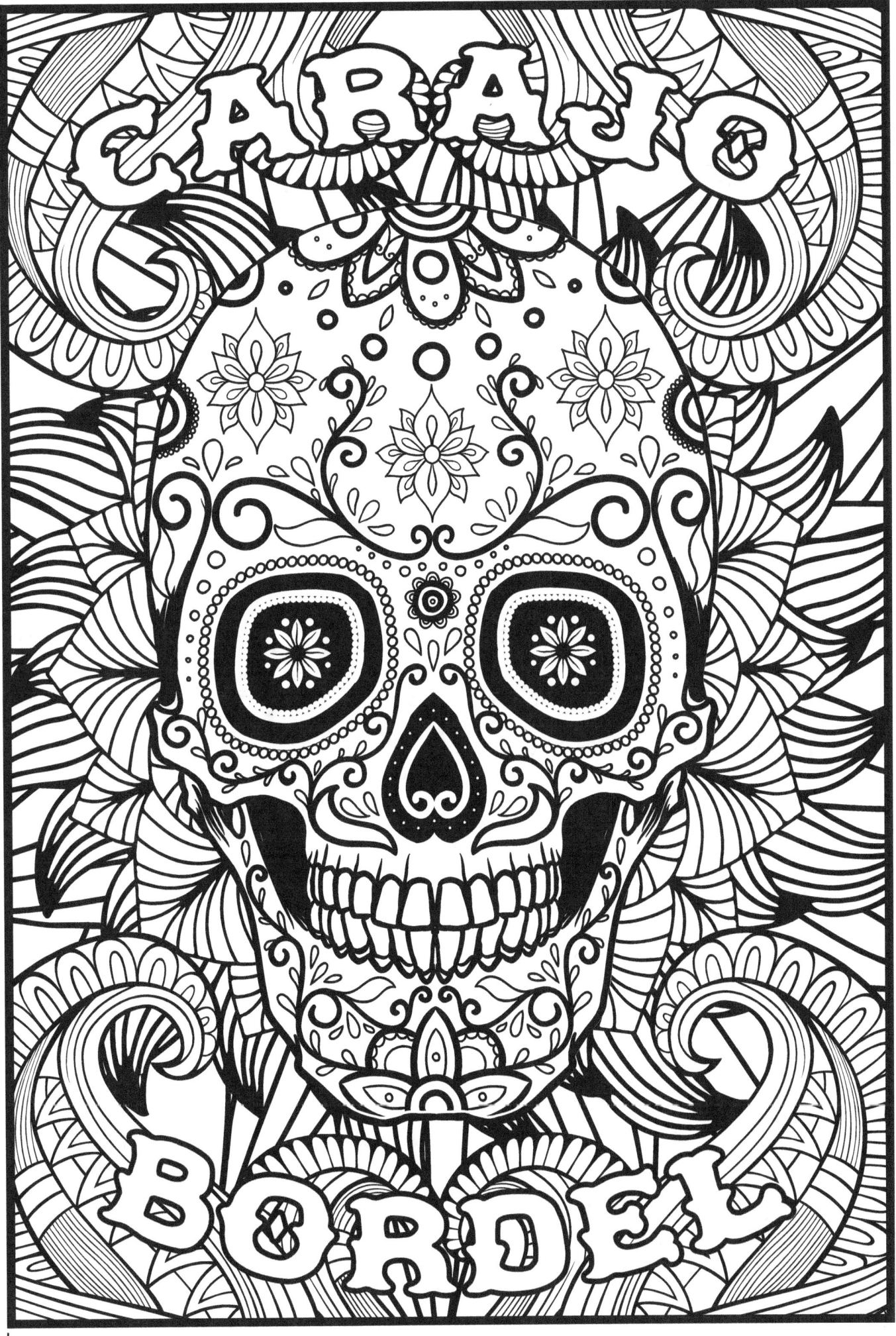

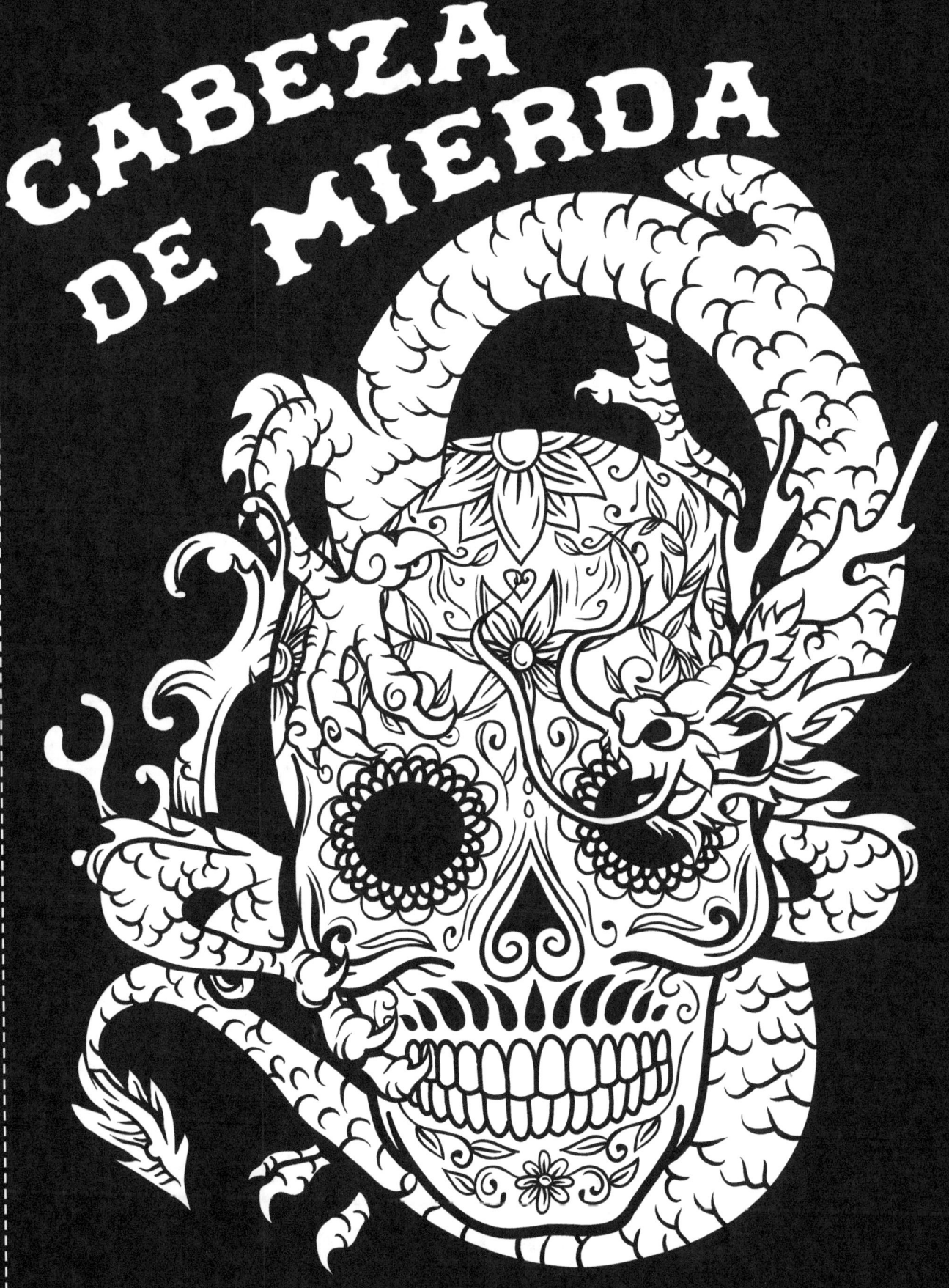

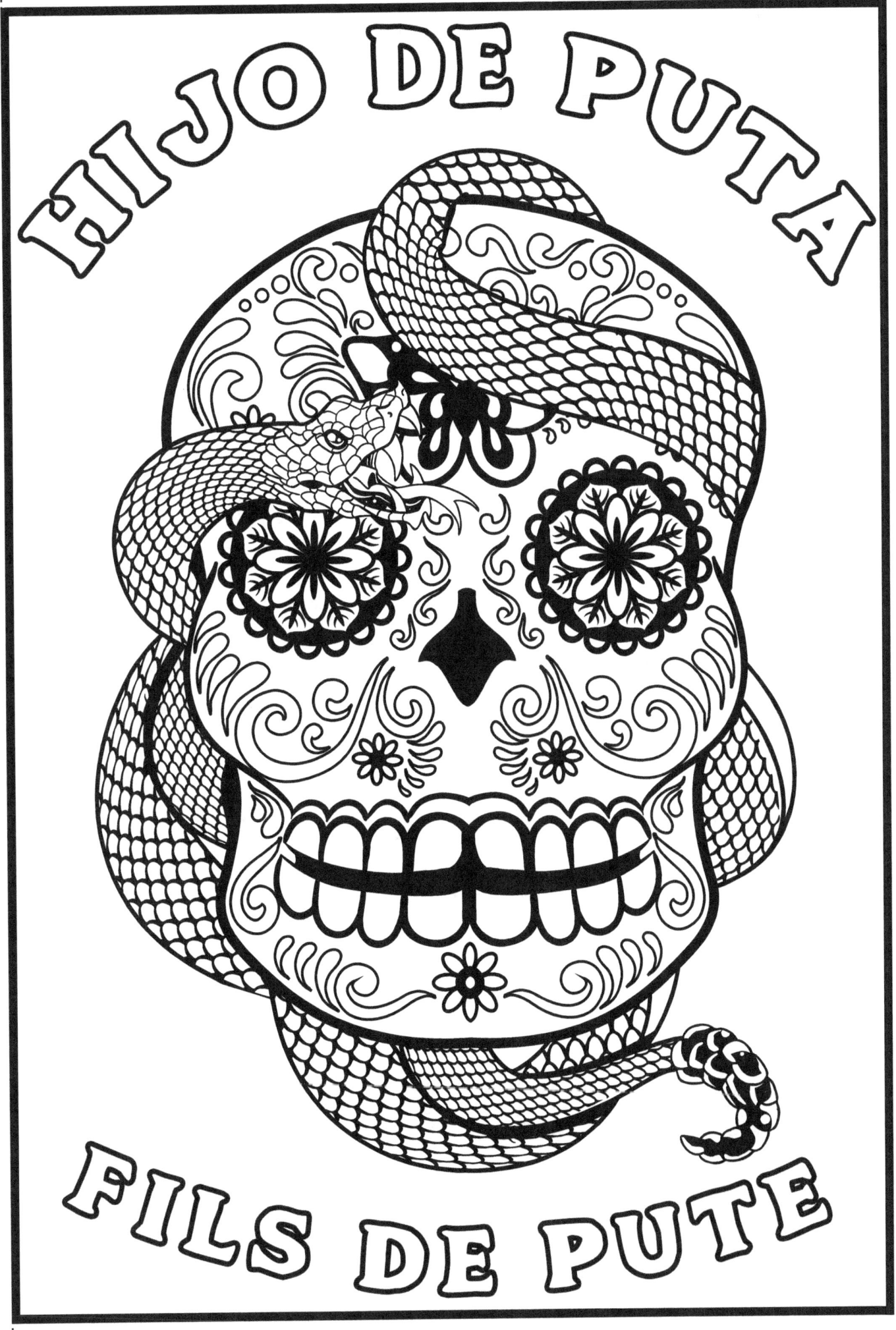

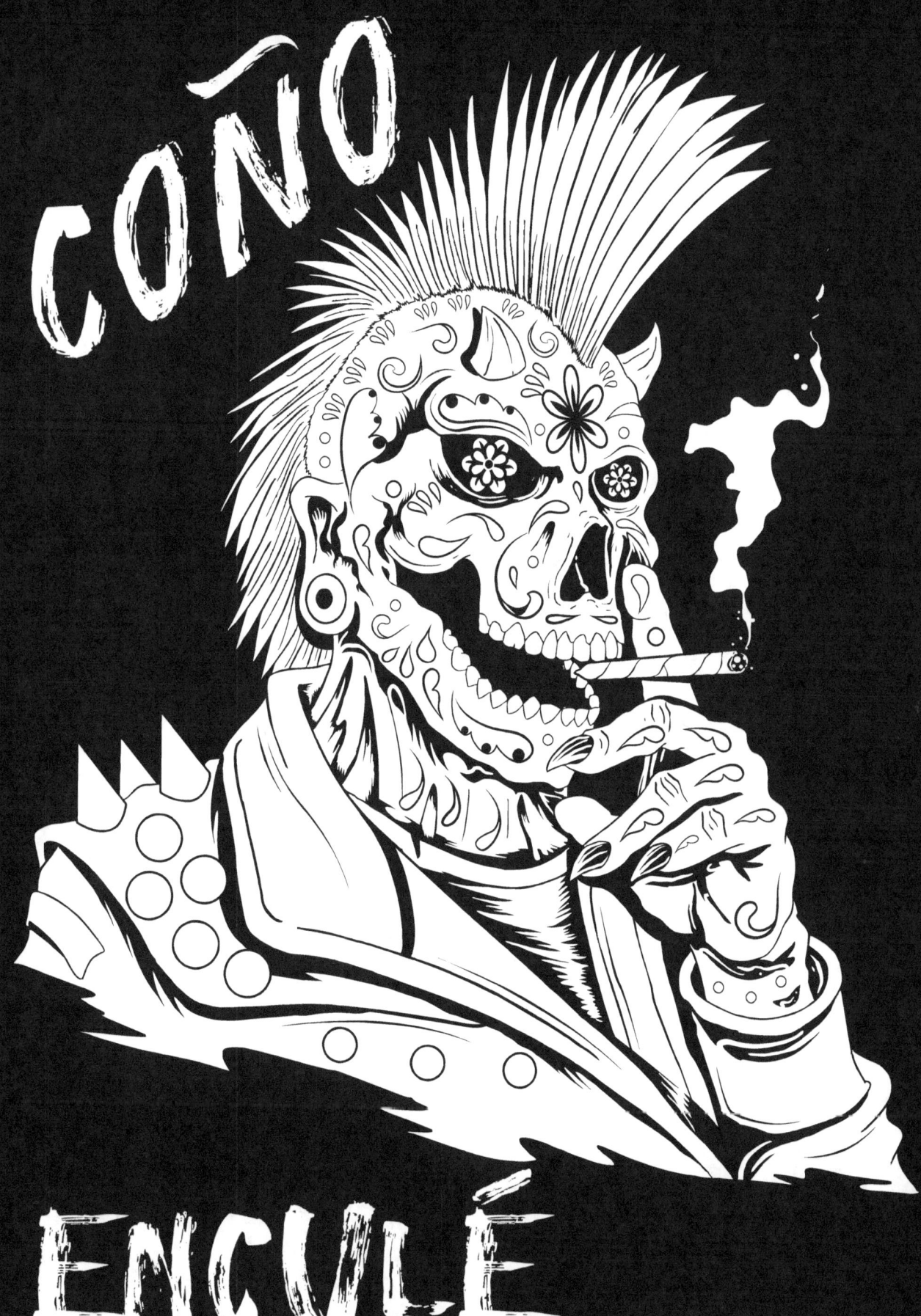

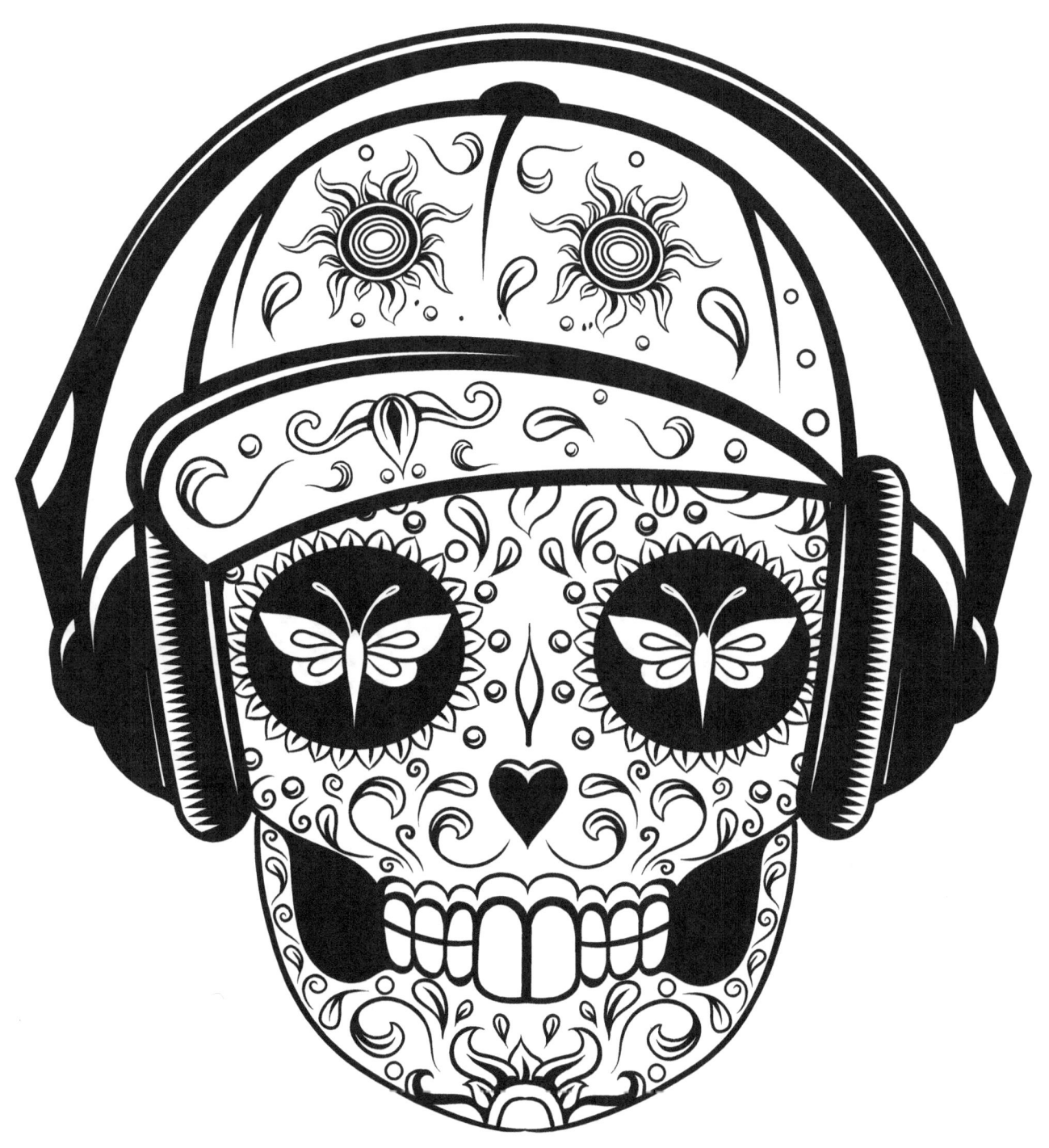

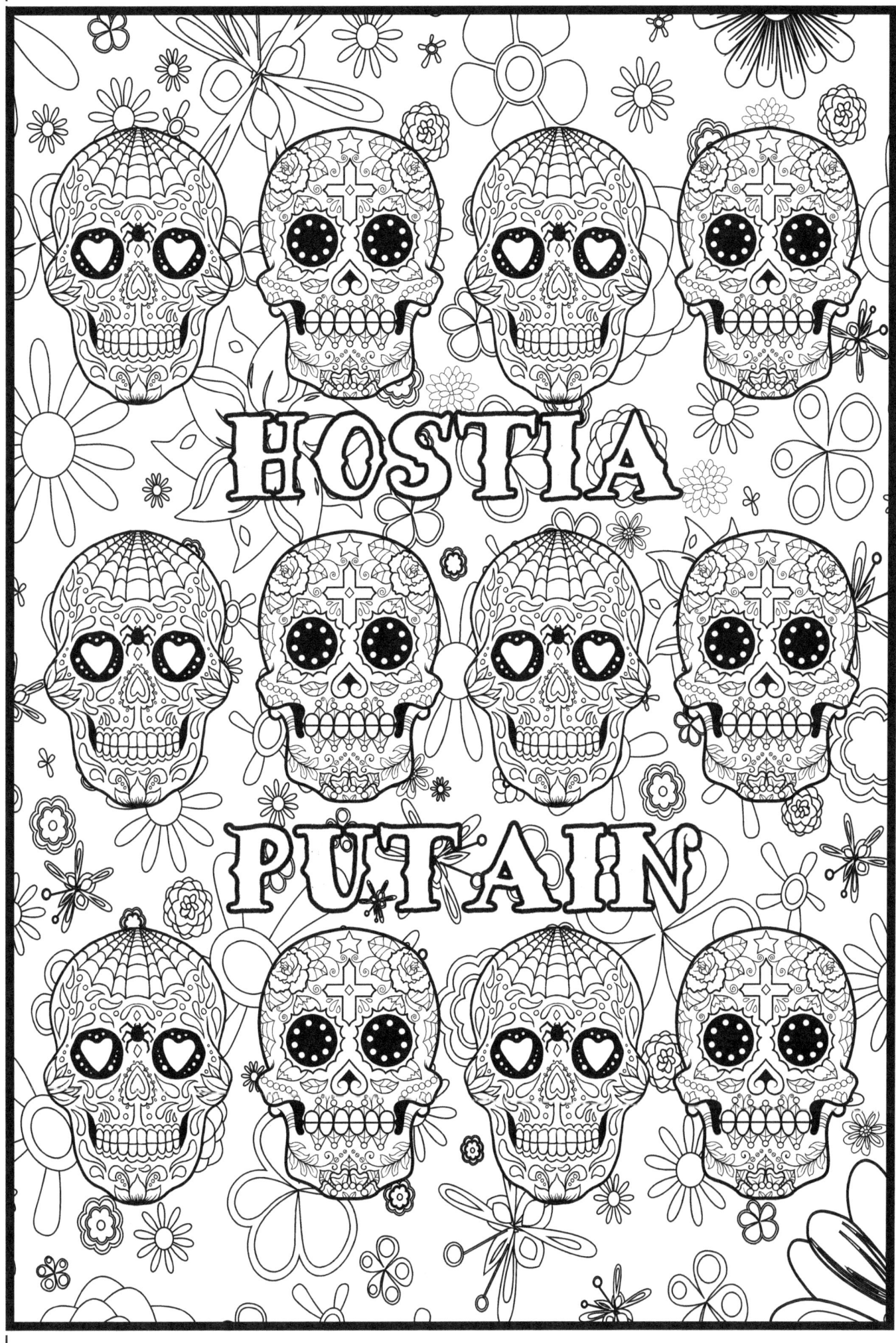

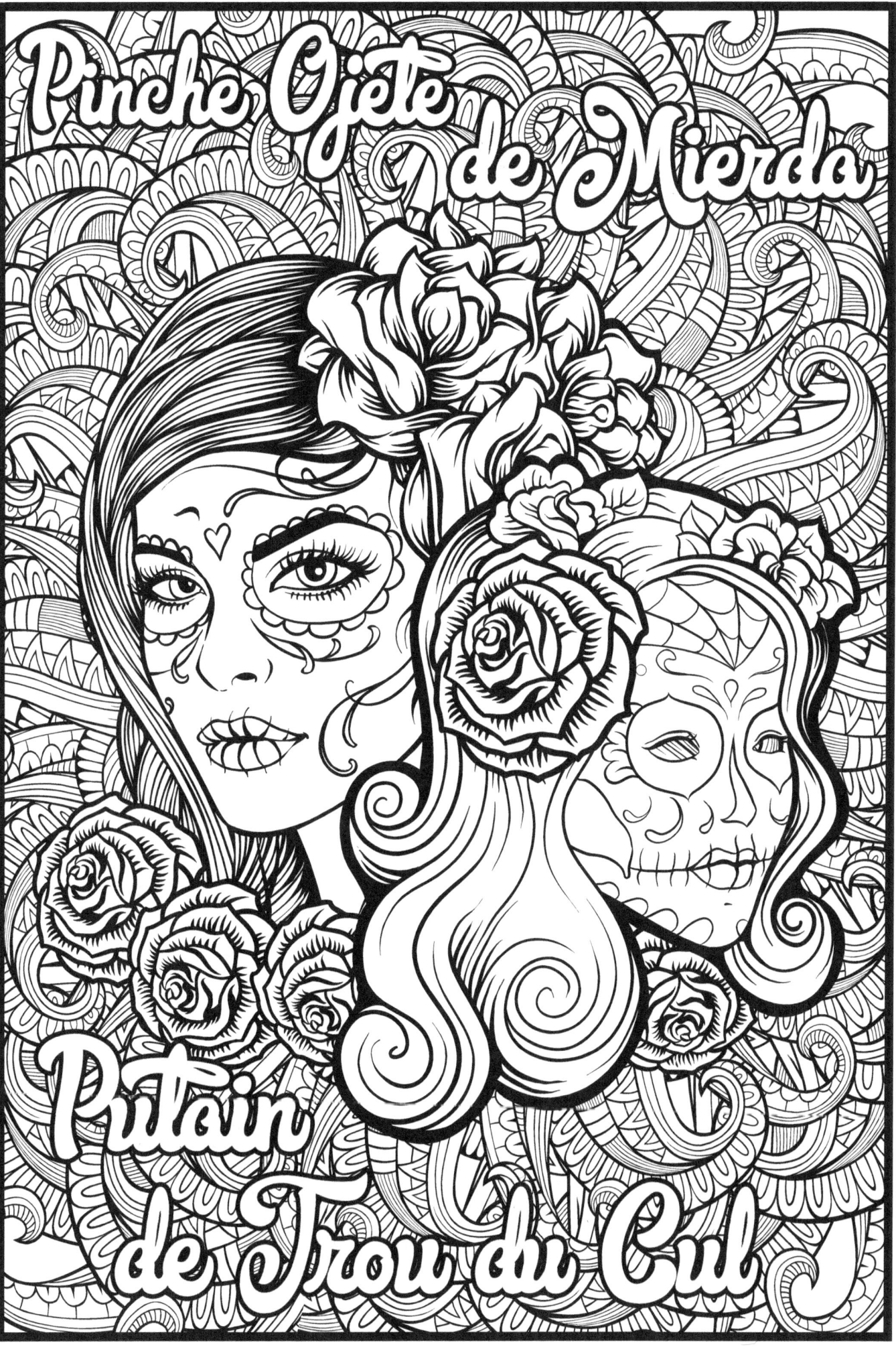

O TE CHINGAS O TE JODES, MAMON

VA TE FAIRE NIQUER

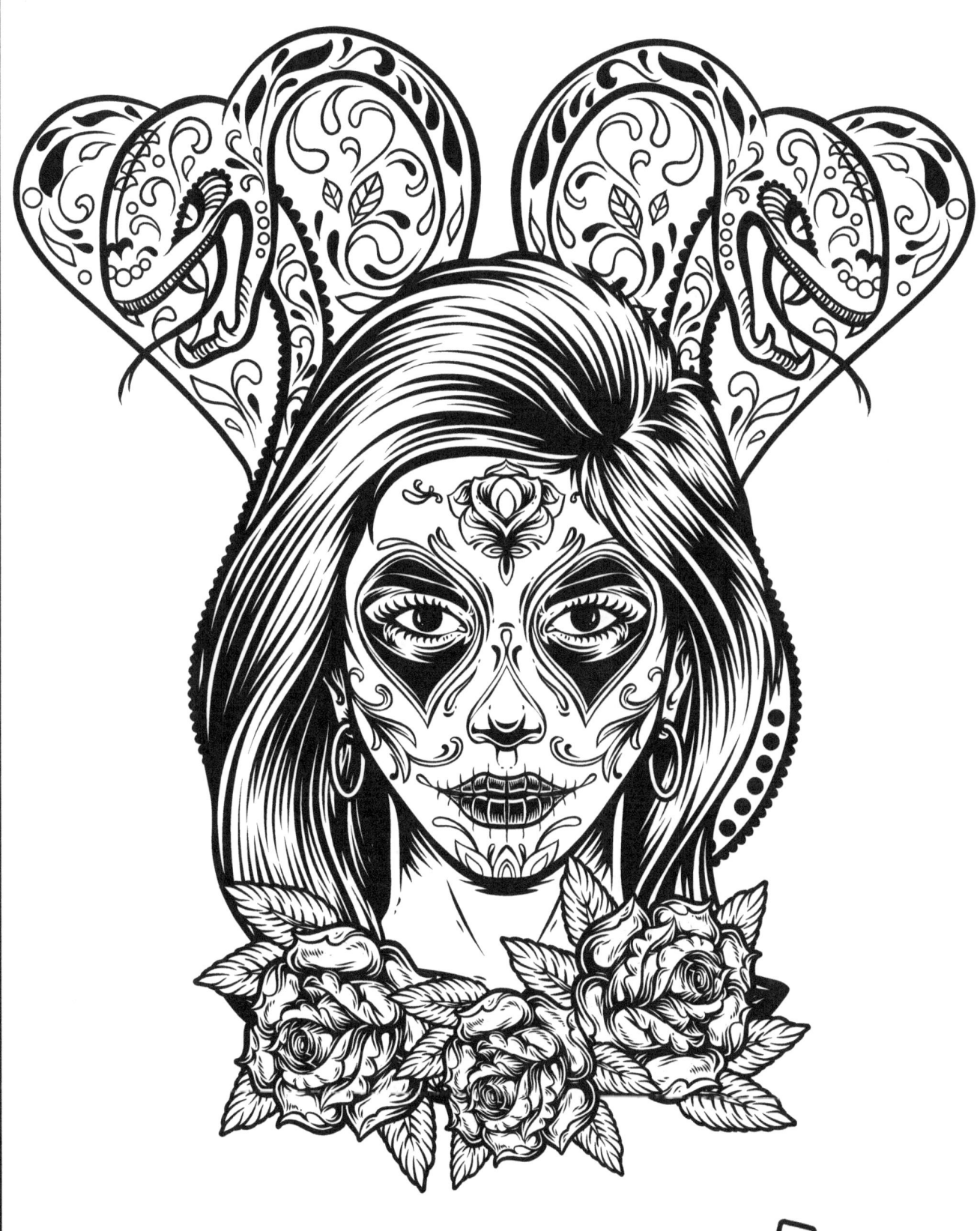

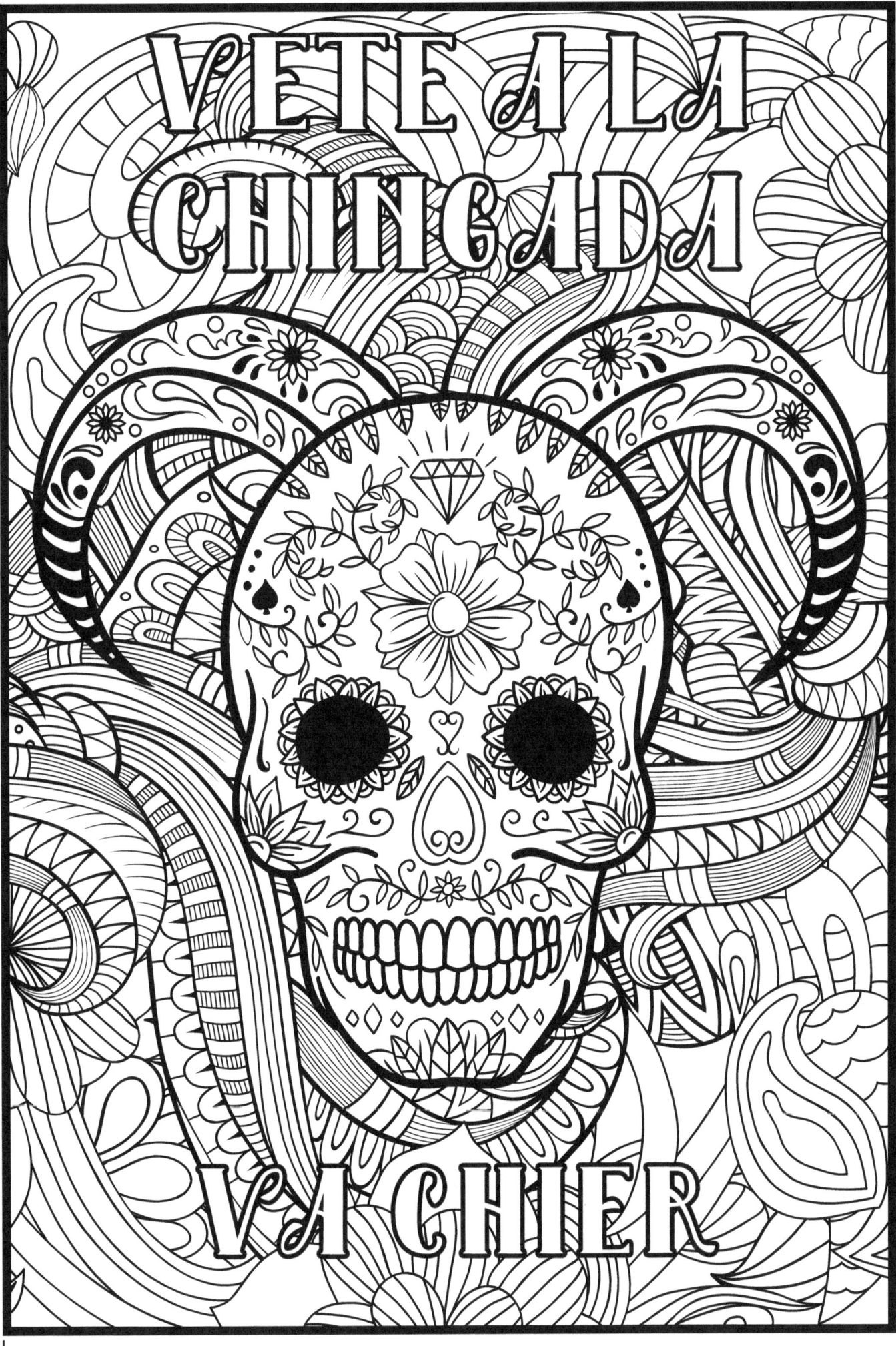

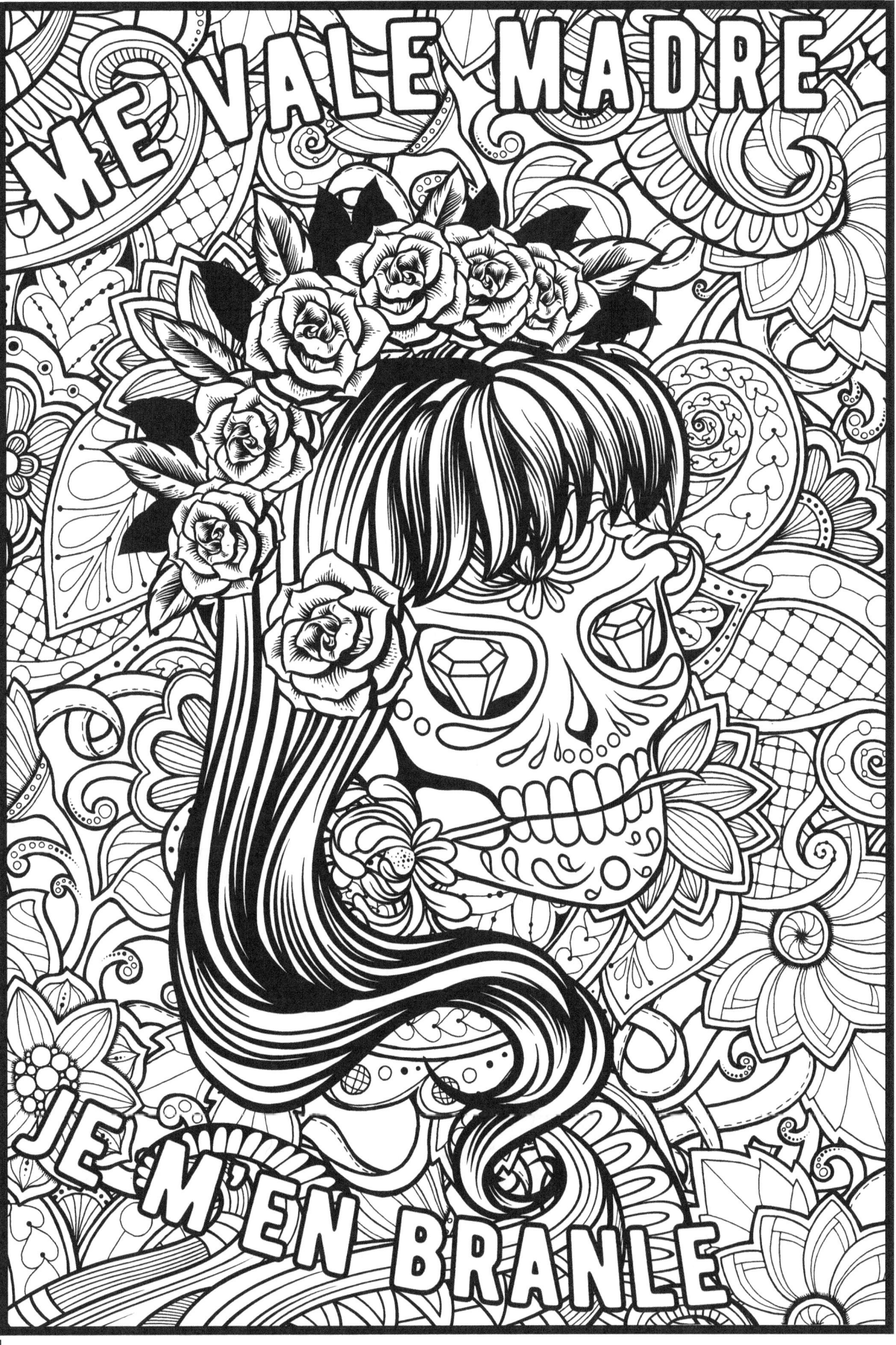

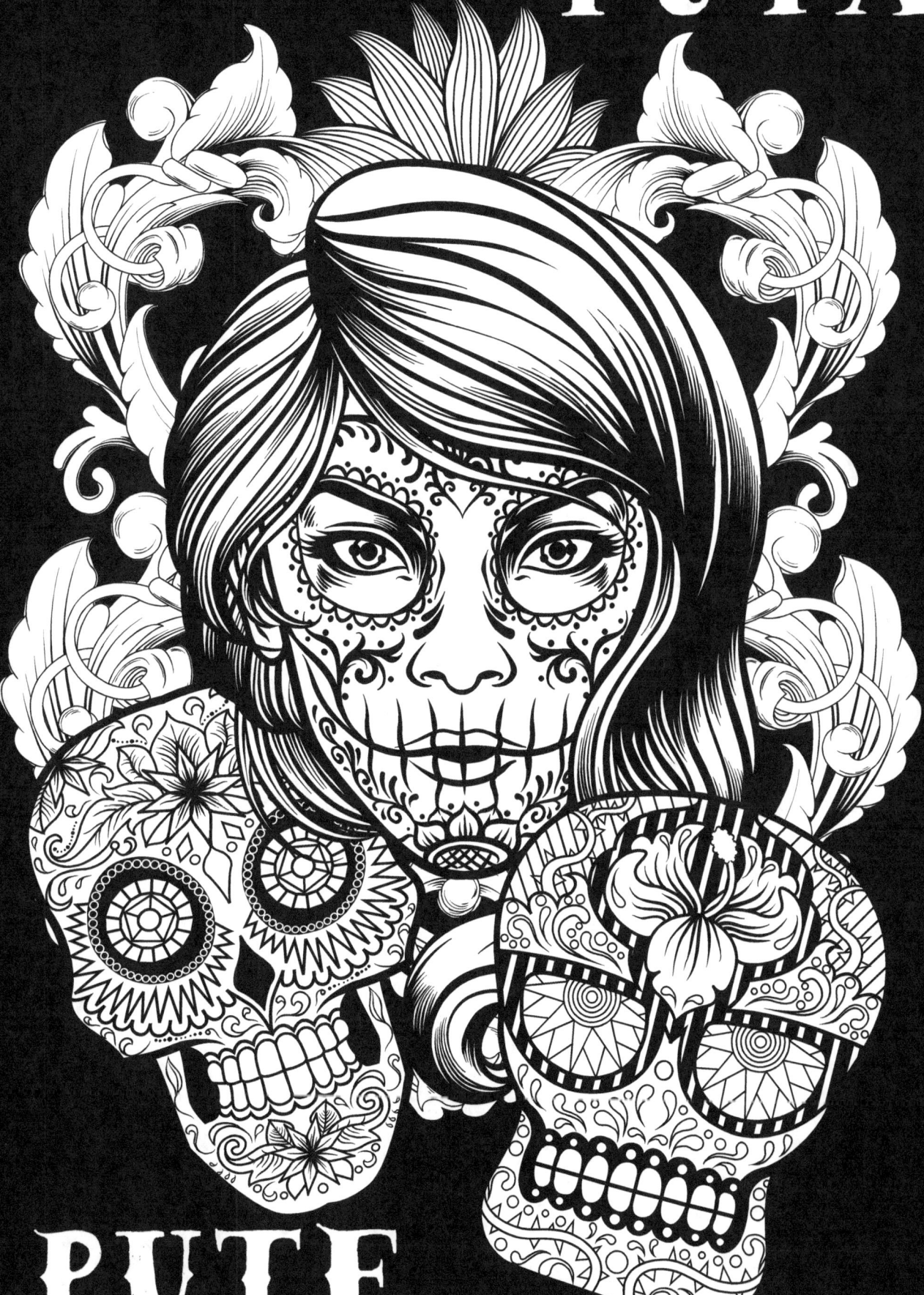

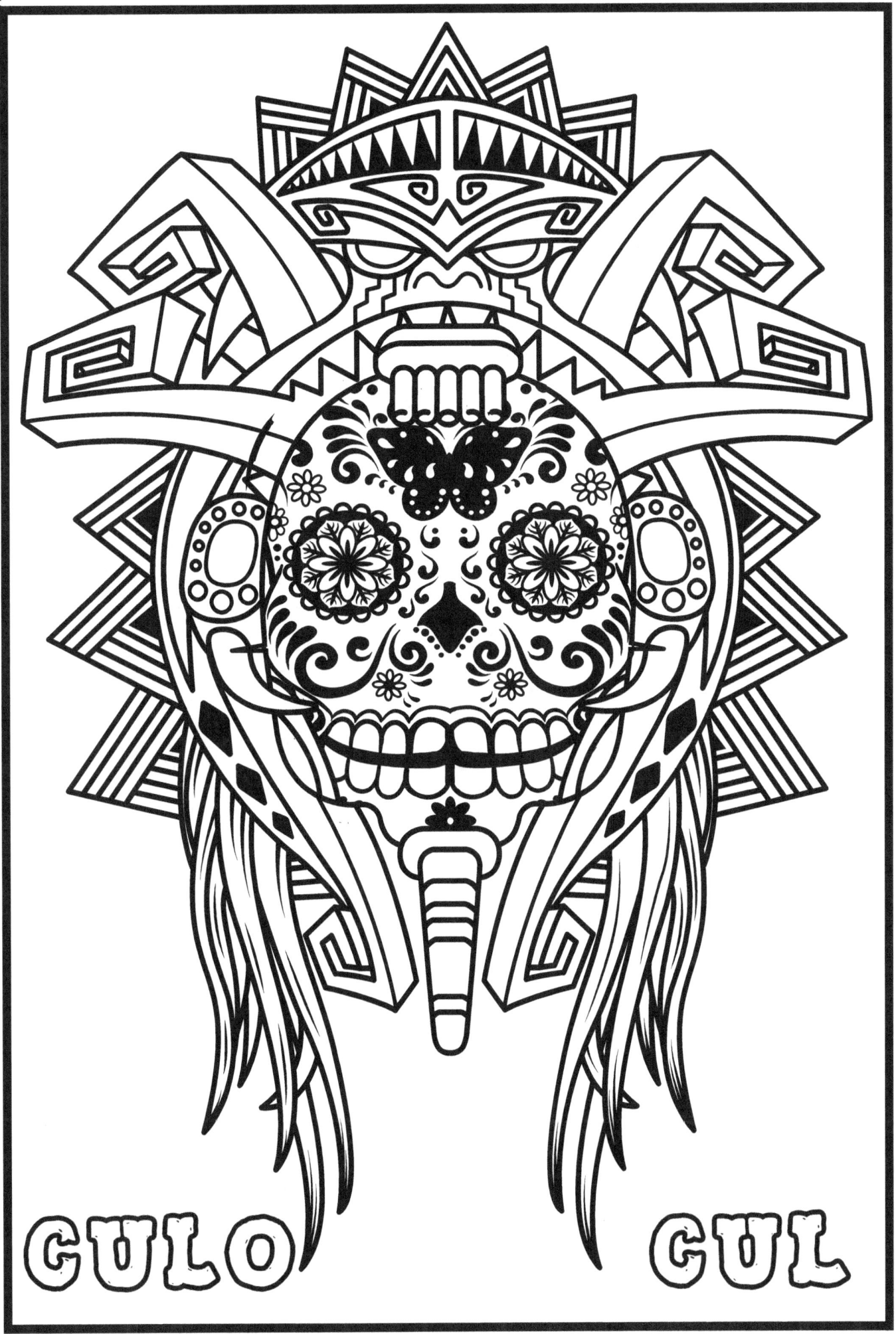

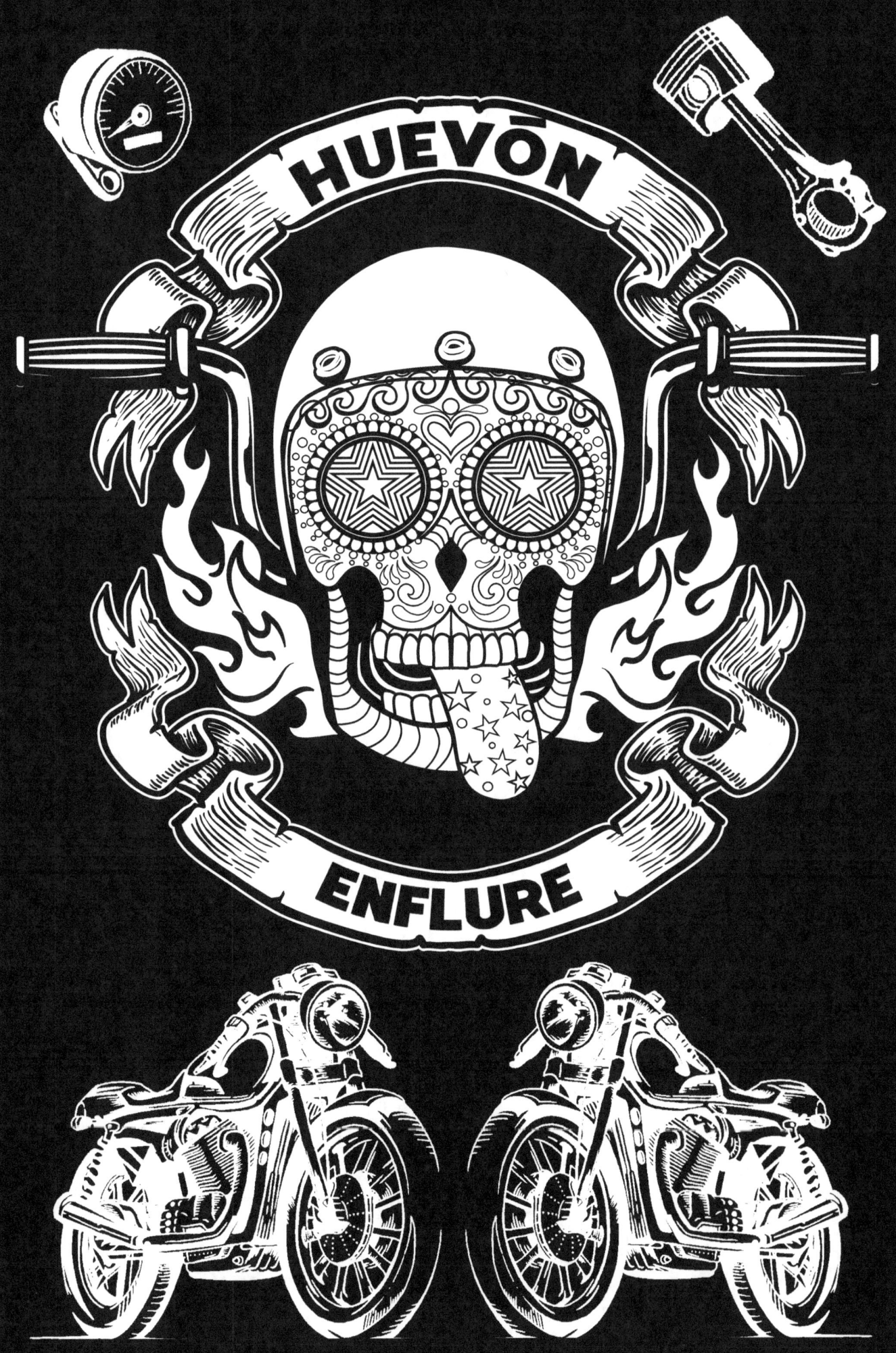

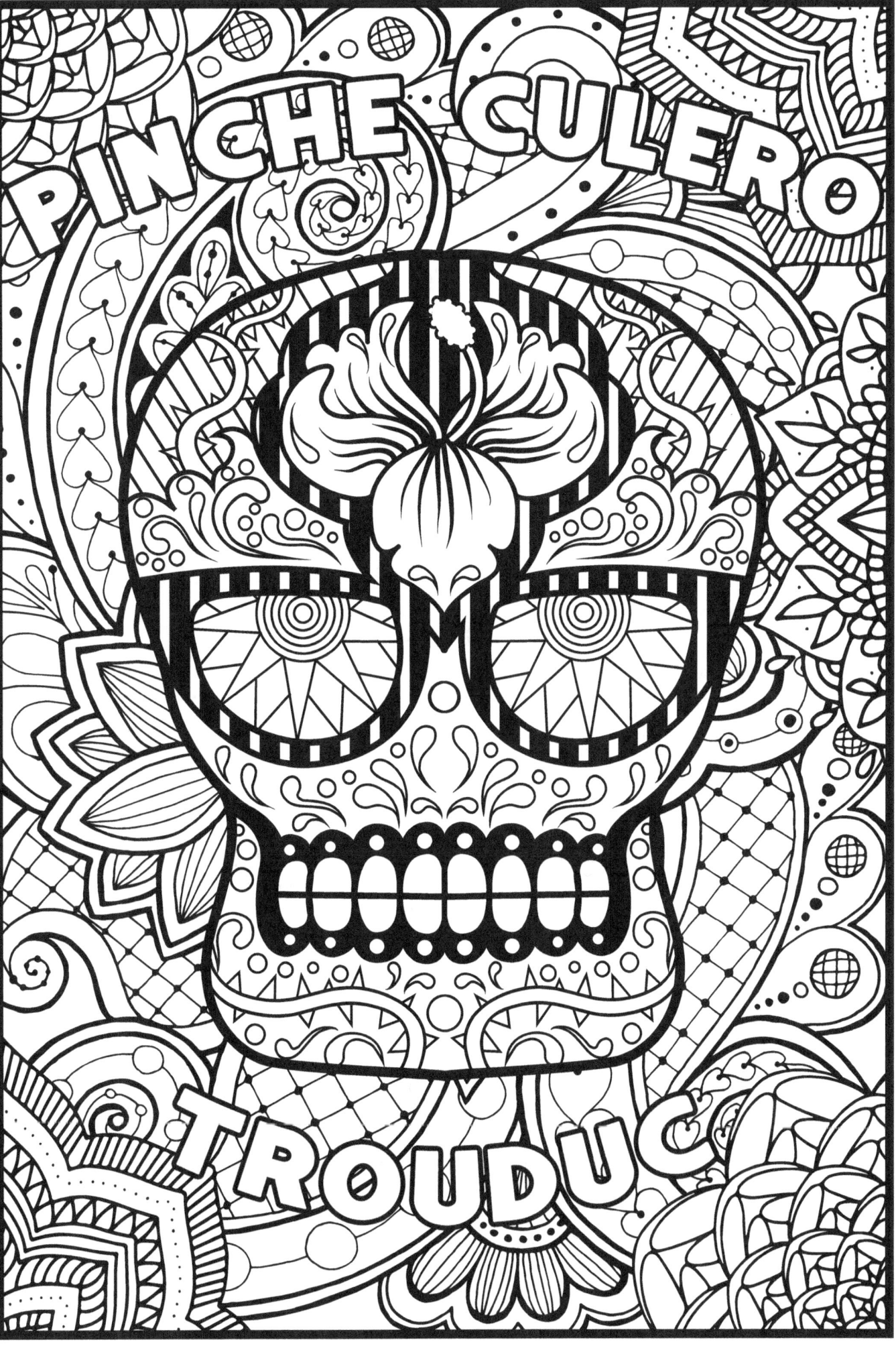

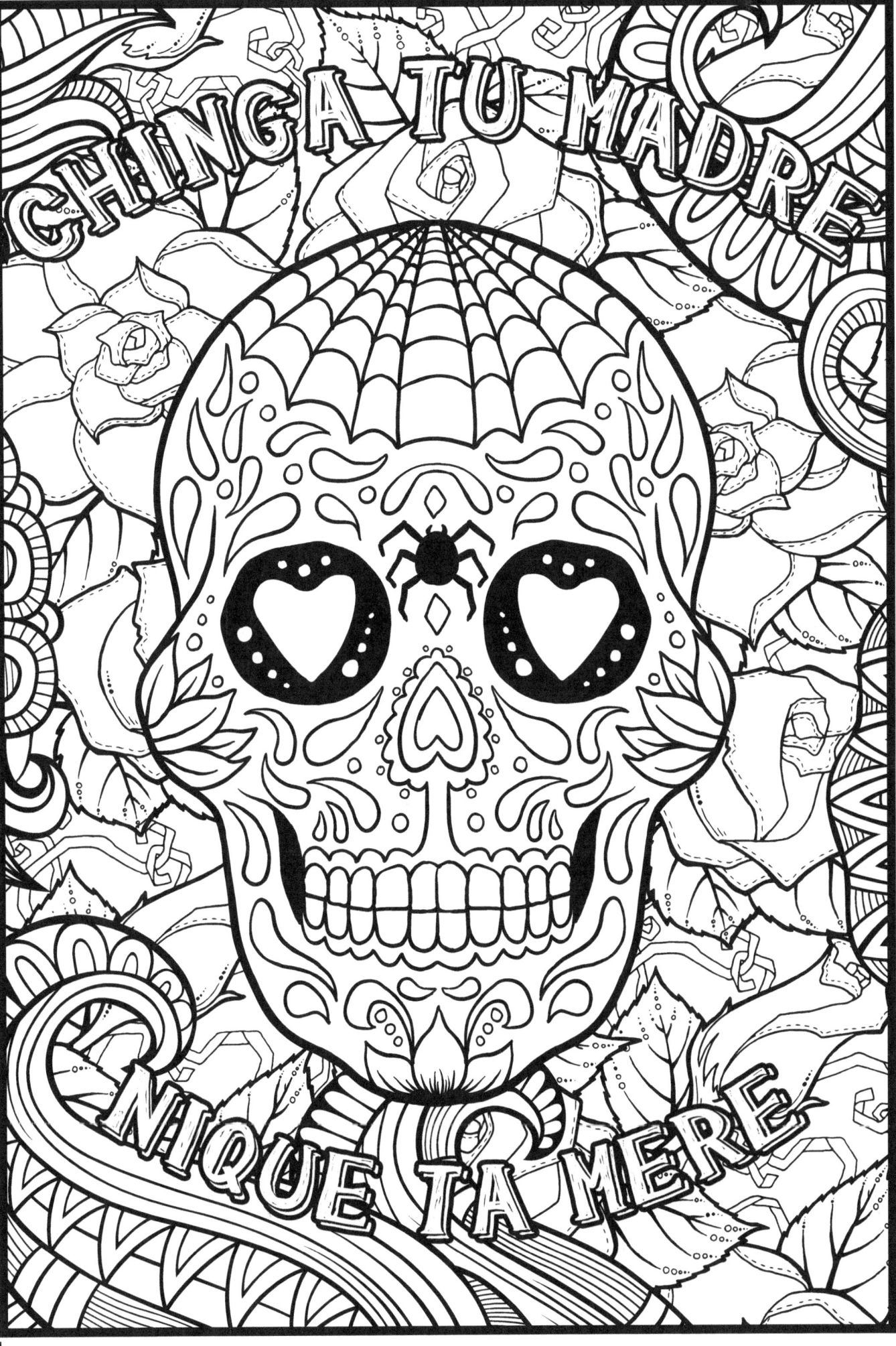

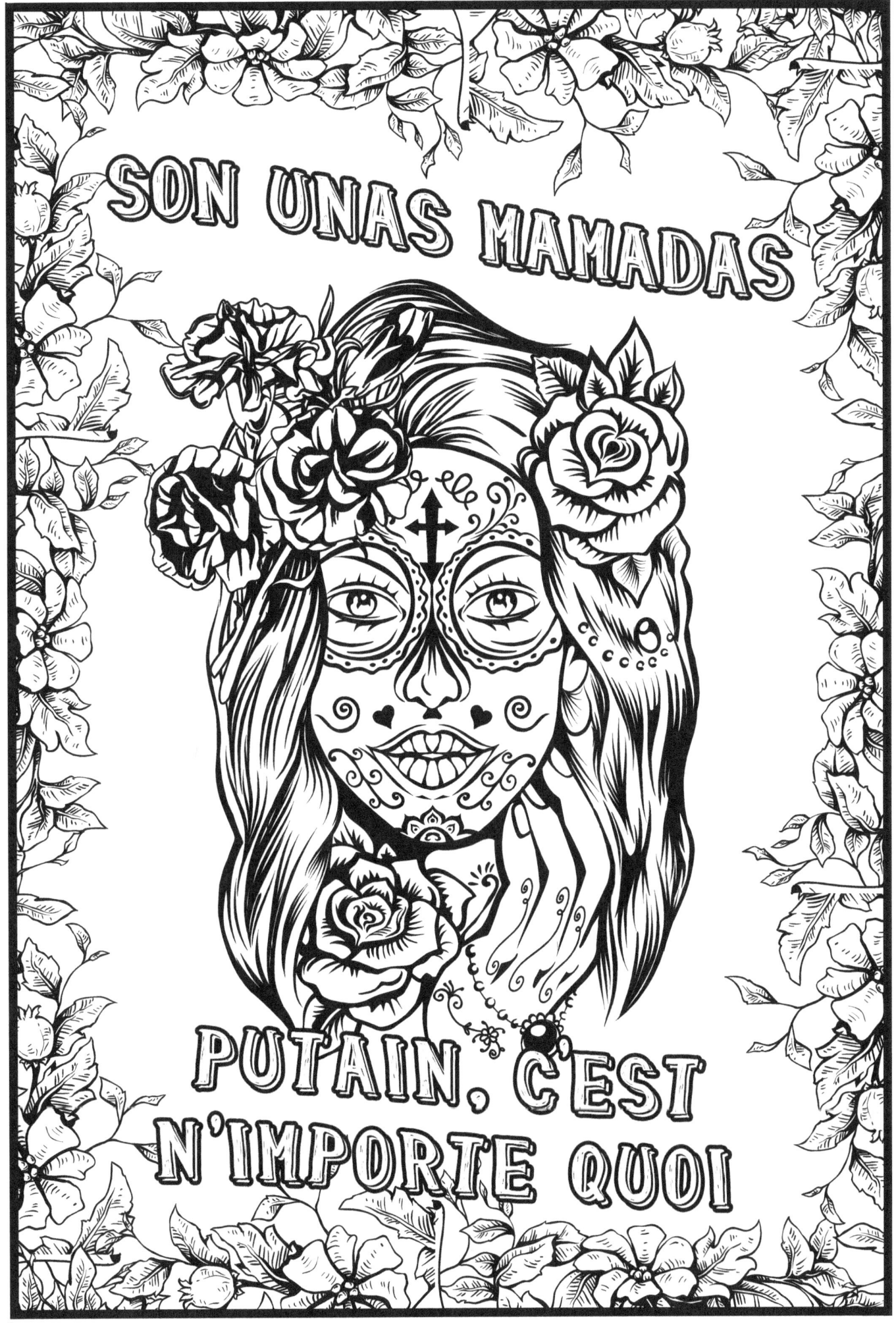

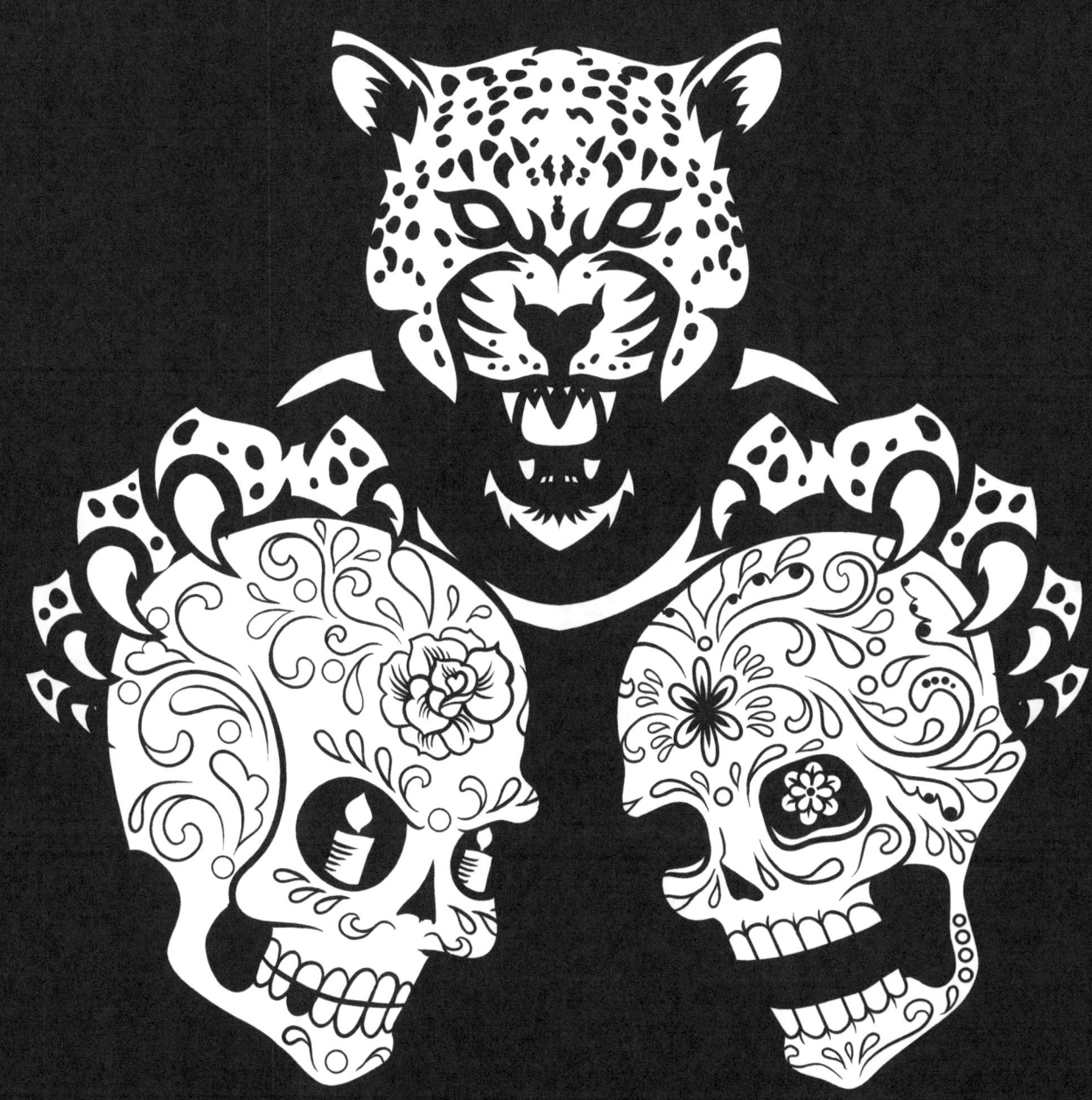

NO CHINGUES, CABRÓN

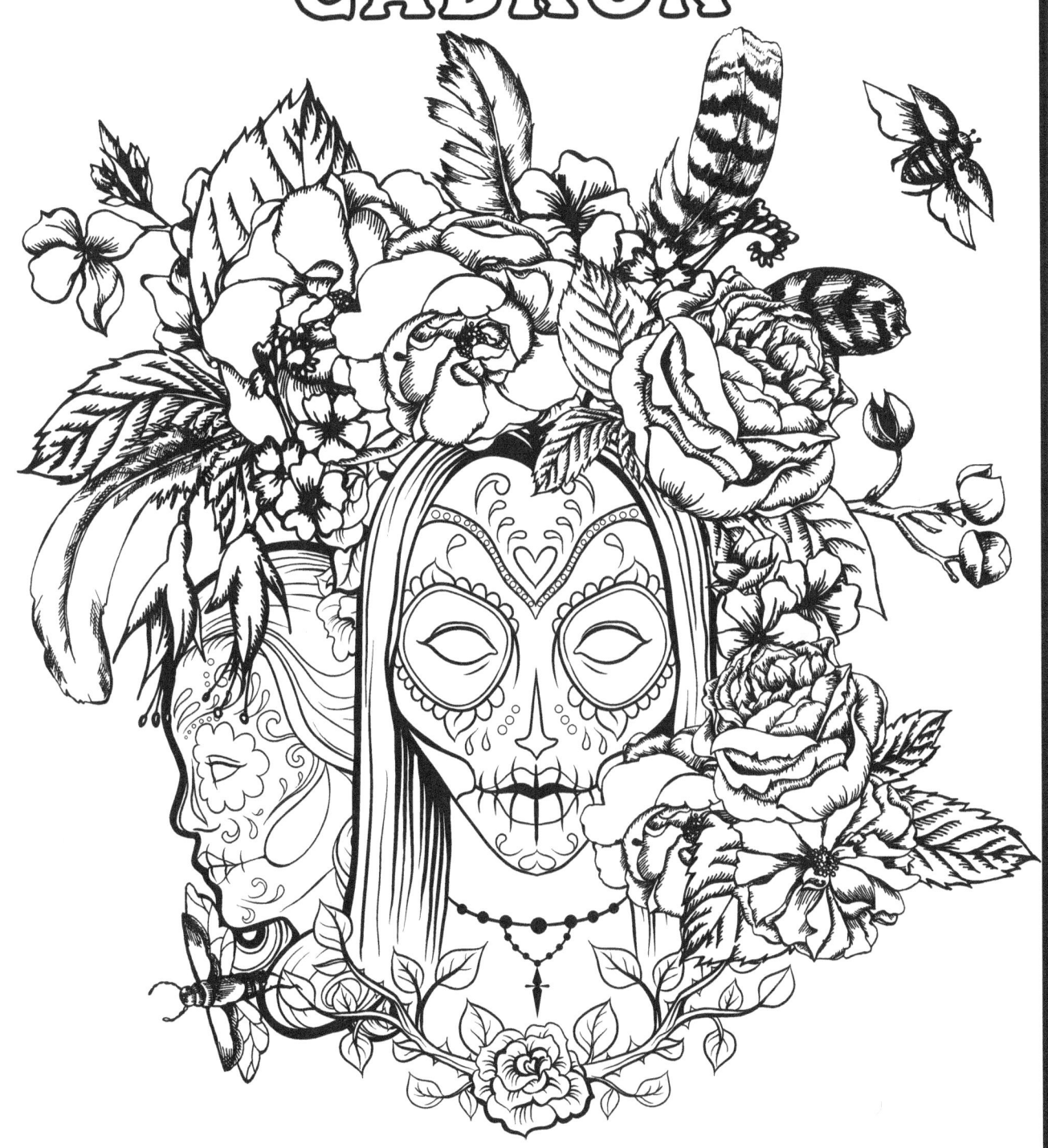

NE ME NIQUE PAS

PÁGINA EXTRA: DIBUJA TU PROPIA CALAVERA

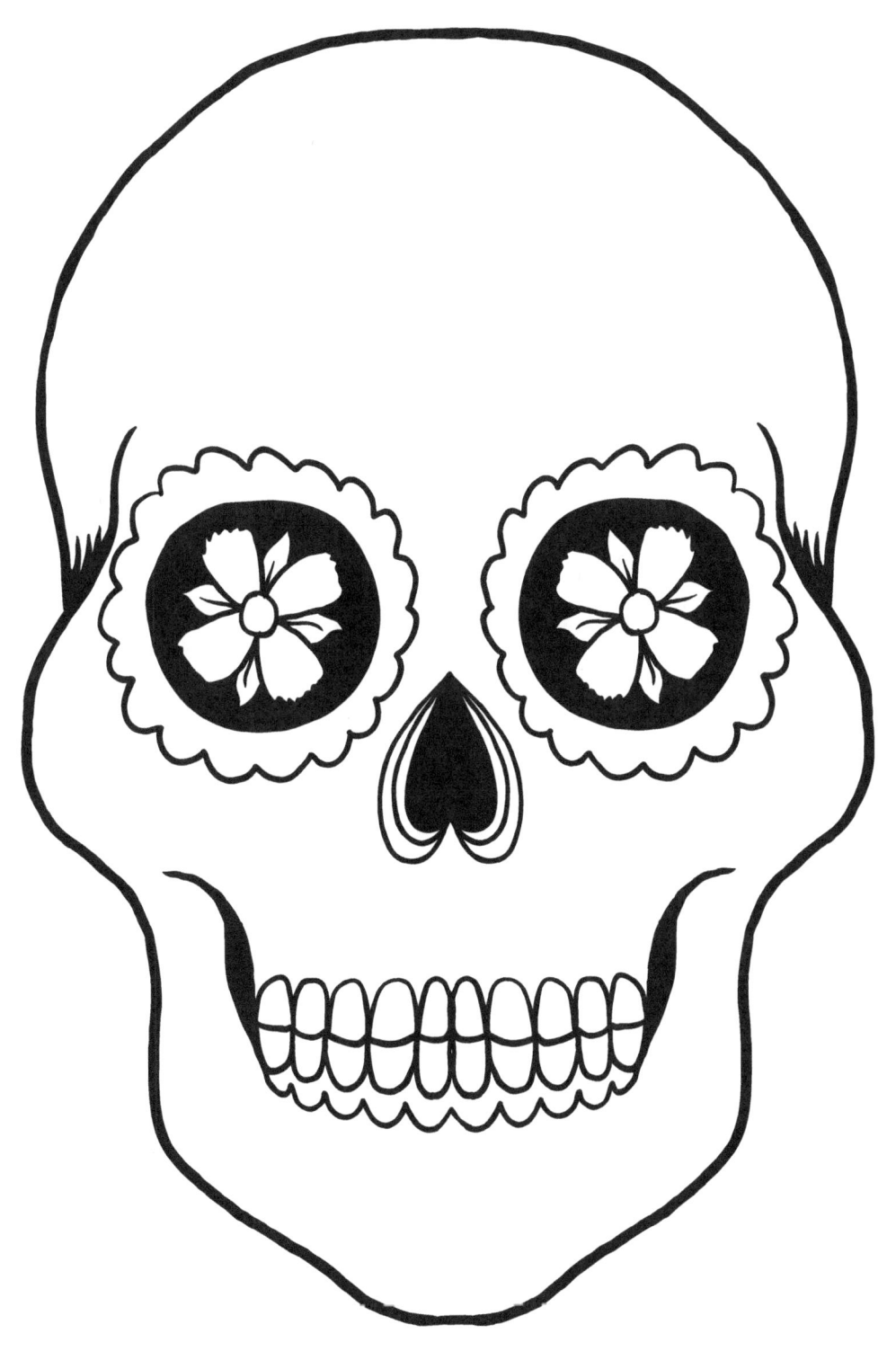

PAGE BONUS : DESSINER VOTRE CRANE MEXICAIN

Découvrez notre Collection

Si vous aimez les livres de coloriage pour adultes remplis de gros mots, injures et insultes, veuillez découvrir nos autres produits :

https://www.amazon.fr/dp/B08MT2QFW2

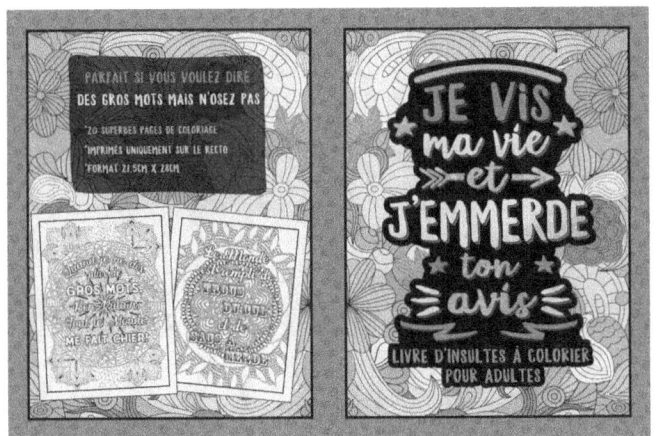

https://www.amazon.fr/dp/B08MSHCKVB

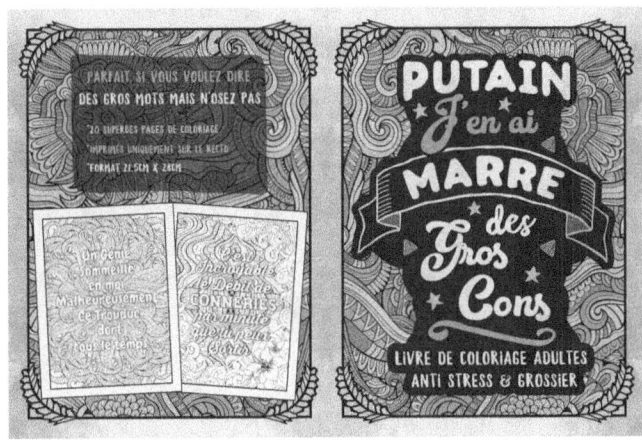

https://www.amazon.fr/dp/B08NNMSTCH

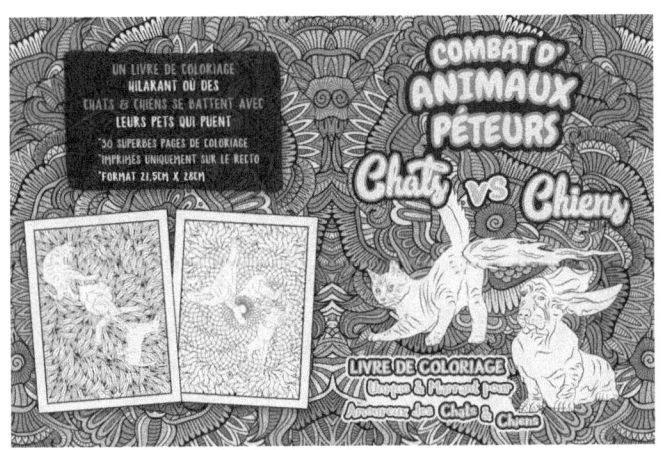

https://www.amazon.fr/dp/B08NMC9P3Y

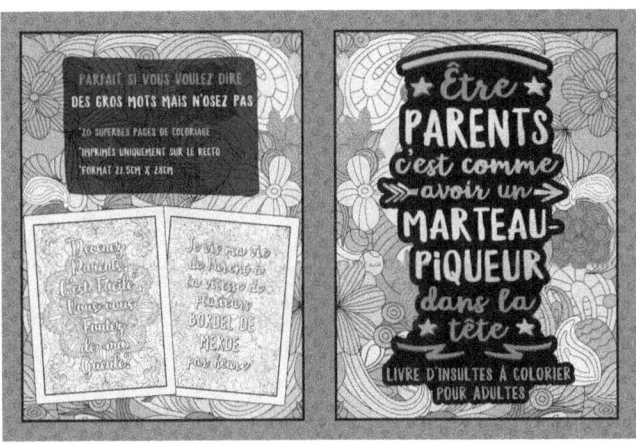

Colorful Swearing Dreams

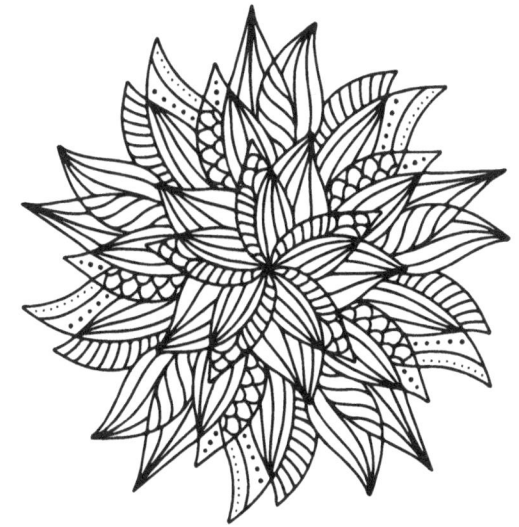

Vous vous sentez moins stressé?

Seriez-vous un amour et donnez votre opinion?

Ce livre vous a-t-il permis d'apaiser votre niveau de stress?
J'espère que vous vous sentez à présent décontracté(e) et content(e).

Nous travaillons beaucoup pour vous fournir le meilleur produit possible qui répond à tous vos besoins.
VOTRE AVIS est extrêmement important pour nous. Nous ne le considérons pas comme une simple note d'étoiles, nous lisons et étudions tous les commentaires afin de pouvoir améliorer constamment nos produits pour les façonner comme vous le souhaitez.
Nous sommes fiers de produire des produits de qualité pour votre satisfaction.

C'est pourquoi nous apprécierions vraiment beaucoup si vous pouviez prendre quelques minutes de votre temps et nous laisser un avis sur la page de notre produit. De cette façon, non seulement vous aiderez d'autres clients à faire la bonne décision, mais vous nous permettrez également de réaliser davantage de produits de qualité, qui peuvent être des cadeaux drôles et uniques pour vos amis et votre famille et les rendre heureux!

Tout Droits Réservés. Colorful Swearing Dreams

Aucune partie de livre ne peut être reproduite, reformatée, faire l'objet d'une refonte ou être transmise sous quelque forme que ce soit, par tout moyen, électronique ou mécanique, y compris la photocopie, l'enregistrement ou au moyen de tout système de stockage et d'extraction d'informations, sans le consentement préa lable écrit de l'auteur.